설중환 교수와 함께 배우는

한자성어 1

KB138506

일러두기 '1. 한자 뿌리로 해석하기'의 한자 오른쪽에 쓰인 숫자는 해석 순서를 의미합니다.

설중환 교수와 함께 배우는

한자성어 1

설중환 지음

알앤비
R]∩B]

머리말

눈을 뜨고 있으면서 앞을 제대로 보지 못하는 사람을 당달봉사라고 한다. 지금 우리나라 사람들 대부분은 언어적인 측면에서 보자면, 눈 뜬 당달봉사라고 할 수 있다. 왜냐하면 우리말은 분명히 한자어가 거의 80% 이상을 차지하고 있는데도, 한글전용정책 때문에 한자어를 사용하고 있으면서도 한자를 정식으로 가르치지 않고 있기 때문이다. 그래서 말을 하면서도 자기가 무슨 말을 하고 있는지, 말을 듣고 있으면서도 자기가 무슨 말을 듣고 있는지 정확히 잘 모르고 있다는 말이다.

예를 들어 보자. 학원(學院)이란 어떤 곳인지 한번 말해 보자. 한자를 배운 사람이라면, 배울 학(學) 집 원(院)이라 '배우는 집'이라고 정확히 말할 수 있다. 그러나 한자를 배우지 않는 학생은 학원의 뜻을 어렴풋이 알면서도 정확하고 간단하게 말하기 쉽지 않다. 또 상품을 홍보한다 할 때, 홍보(弘報)란 무슨 뜻일까? 넓을 홍(弘), 알릴 보(報)를 알면, 홍보란 '널리 알리는 것'이 된다.

이렇듯 한자 훈을 알면 수많은 우리말의 뜻을 정확하게 알고 사용할 수 있다. 1,000여 자만 외워도 어지간한 우리말을 쓰는 데는 큰 지장이 없을 것이다. 영어 공부의 몇 십분의 일만 투자해도 일생 동안 편리하게 써먹을 수 있는 것이 한자다.

주변의 학부모들과 이야기를 해보면, 대부분의 학부모들은 한자 교육을 시켜야 한다고 한다. 그리고 일부는 집에서 가르치고 있다고 했다. 동양 삼국, 즉 한국 · 중국 · 일본은 수천 년 동안 한자를 사용해 왔다는 점에 이의를 달 사람은 없을 것이다. 우리 조상들 역시 한자를 사용해 왔다. 그리고 지금도 중국이나 일본은 한자를 사용하고 있다.

문화란 강물처럼 끊임없이 흘러간다. 그런데 우리는 수천 년간 써 내려온 한자를 중국 것이라 하여 가르치지 않고 사용하지 않는다면, 이는 우리 문화의 유구한 흐름을 끊어 버리는 행위라 하지 않을 수 없다. 당달봉사 문화인 것이다.

한자를 배우면 어떤 점이 좋을까? 좋은 점을 이루 다 말할 수 없지만 가장 주요한 한두 가지만 이야기해 보기로 한다.

첫째, 어휘력이 풍부해진다. 옛날 한자 교육을 받은 한자세대의 어휘수가 3만 정도였다고 하는데, 지금 한글세대는 7,000 단어 정도밖에 모른다고 한다. 사분의 일로 어휘력이 준 것이다.

어휘력이 왜 중요한가 하면, 어휘력이 풍부해야 상상력이 풍부해지기 때문이다. 사람은 언어로 생각하기 때문이다. 앞으로 4차 혁명 시대에는 무엇보다 상상력이 중요하다고 하는데, 이럴 때일수록 한자를 공부해야 하지 않을까.

둘째, 무엇보다 우리 전통문화를 이해하고 계승할 수 있다. 지금 도서관에 있는 책들 중에 한문 서적은 말할 것도 없고 한자를 혼용한 많은 서적들이 한글세대가 읽을 수 없어 쓰레기처럼 무용지물이 되어 가고 있다. 즉 1980년대 이전의 서적들은 대부분 서고에서 잠자고 있는 것이다. 한자를 읽을 수 없어 그 책들 속에 들어 있는 소중한 정보들이 죽어 가고 있는 것이다. 정말 안타까운 일이 아닐 수 없다.

이런 점에서 뜻 있는 사람들은 무엇보다 먼저 한자를 공부해야 하는 것이다. 이 책에서는 자주 쓰이는 한자성어를 중심으로 해서 약 300자를 익히고, 그것과 관계되는 다른 단어를 함께 익힌다면 대략 1,000여 자의 한자를 익히게 된다. 그렇게 된다면 여러분들은 당달봉사가 아니라 눈 뜬 지식인으로 당당하게 살아가게 될 것이다.

2019. 10.
혜정 설중환 씀

차례

青雲之志	初志一貫	青出於藍
螢雪之功	韋編三絕	不恥下問
糟糠之妻	孟母三遷	反哺之孝
交友以信	水魚之交	聞一知十
仁者無敵	累卵之危	風前燈火
言行一致	小貪大失	安分知足
甘吞苦吐	井中之蛙	傍若無人
賊反荷杖	梁上君子	近墨者黑
轉禍爲福	塞翁之馬	安居危思
克己復禮	公平無私	勸善懲惡

錦衣還鄉　大器晚成　苦盡甘來

日就月將　金枝玉葉　父慈子孝

竹馬故友　莫逆之友　管鮑之交

七步之才　八方美人　群鷄一鶴

內憂外患　雪上加霜　四面楚歌

先見之明　有備無患　刻舟求劍

緣木求魚　甘言利說　虛無孟浪

好事多魔　佳人薄命　過猶不及

安居危思　快刀亂麻　走馬加鞭

富國強兵　大同社會　太平聖代

첫째 마당

뜻을 세우고 출발합시다.

청운지지

초지일관

청출어람

금의환향

대기만성

우리가 무슨 일을 하거나 공부를 할 때, 먼저 뜻을 분명히 세워야 한다. 즉 목적과 목표가 있어야 한다는 말이다. 그렇지 않으면 공부를 하면서도 왜 하는지도 모르니 아무런 의욕이 생기지 않는다.

특히 젊은 학생들은 높은 뜻을 세워야 한다.　　　　　- 청운지지(靑雲之志)

젊을 때는 힘도 좋고 기억력도 좋기 때문에 공부하기에 아주 좋다. 그러므로 저 높은 푸른 하늘의 구름처럼 높은 뜻을 가져야 한다. 목표를 가지고 늘 그곳을 바라보면서 노력을 게을리하지 않아야 한다.

그리고 처음 세운 뜻을 끝까지 지켜가야 한다.　　　　　- 초지일관(初志一貫)

작심삼일(作心三日)이란 말이 있듯이, 사람들은 마음을 굳게 지키기가 그리 쉽지 않다. 그러나 처음 먹은 마음을 굳게 지키고 힘써 애쓴다면 자기의 처음 뜻을 이룰 수 있을 것이다.

공부를 할 때는 선배보다 더 잘해야겠다는 다짐이 필요하다.
　　　　　　　　　　　　　　　　　　　　　　- 청출어람(靑出於藍)

후배가 선배보다 나아야 우리나라가 발전할 것이 아닌가. 선배뿐만 아니라 나아가서는 선생님보다 더 훌륭한 사람이 되겠다는 생각까지 가져야 한다.

공부하다가 지겨우면 자신의 성공한 모습을 생각해 보라.
　　　　　　　　　　　　　　　　　　　　　　- 금의환향(錦衣還鄕)

내가 성공해서 부모님에게도 자랑하고, 또한 주변의 친척들에게도 자랑할 수 있으면 얼마나 좋을 것인가. 그날을 생각하면 지금의 어려움은 아무것도 아닐 수 있다.

끝으로 목표는 하루아침에 이루어지는 것이 아니다.

- 대기만성(大器晚成)

큰 그릇이 만들어지기까지 많은 시간이 걸리듯이, 나의 높은 목표도 하루아침에 이루어지지 않는다. 조급해하지 말고 하루하루 꾸준히 노력하다 보면 언젠가 나의 목표가 이루질 날이 반드시 올 것을 확실히 믿어야 한다.

그날을 위하여!

1. 한자 뿌리로 해석하기

青 1	雲 2	之 3	志 4	푸른(青) 구름(雲) 같은 (之) 뜻(志)
푸를 청	구름 운	어조사 지	뜻 지	

청운이란 푸른 구름을 말한다. 그런데 이 구름은 그냥 푸른색의 구름이 아니다. 이 구름은 아무나 볼 수 없는 귀한 구름으로 신선(神仙)이 있는 곳이나 천자(天子)가 될 사람이 있는 곳에만 있다고 한다. 거기에는 오색(五色) 구름까지 떠 있다고 한다. 따라서 푸른 구름같이 높은 뜻을 가진다는 것은 굉장히 큰 목표를 가진다는 말이다.

2. 유래

중국 당나라 현종 때 재상을 지내던 장구령이란 사람이 있었다. 그는 어느 날 주변의 모함을 받아 파직되어 시골 고향으로 돌아가게 되었다. 그가 재상 자리에서 물러나면서 읊은 시 중에 '청운지(青雲志)'라는 구절이 나온다. 시를 한번 읽어 보자.

아침에 일어나 보니 어느새 백발이네.
그 옛날 <u>청운의 뜻</u>을 품고 벼슬길에 나섰지만,
백발이 다 된 지금에 와서는 사정이 어렵게 되었네.
누가 알리오. 거울 속에 비친 지금의 내 모습과
그것을 보고 있는 내가 서로 가련하게 여기고 있는 것을.

* 여기서 시인은 자신의 젊었을 때 꿈과 지금 현실 모습을 서로 비교하면서, 인생무상(人生無常)의 심정을 노래하고 있다. 여기서 청운의 뜻은 젊어서 품었던 높은 꿈과 이상을 말한다고 할 수 있다.

3. 한자 뜻어보기

靑 푸를 청

원래 날 생(生)자와 붉을 단(丹)이 합해진 글자인데, 글자 모양이 변해 오늘날처럼 되었다. 날 생(生)자는 흙(土)에서 떡잎(屮)이 올라오는 모습이고, 단(丹)자는 붉은 색깔의 돌이다.

붉은 돌(丹) 틈 사이의 흙(土)에서 떡잎(屮)이 올라오니, 그 색깔이 더욱 진한 '초록색'으로 보일 것이다. 교통 신호에서 보듯, 초록색을 푸른색이라고도 한다.

※ 청춘(靑春) : 푸를 청(靑) 봄 춘(春)으로, 푸른 봄처럼 젊은 나이의 젊은이를 비유한 말이다.
　예 지나고 보면, 靑春 시절이 인생에서 가장 좋았던 것 같다.
※ 청소년(靑少年) : 푸를 청(靑) 적을 소(少) 나이 년(年)으로, 청년과 소년.
　예 靑少年 때에 혈기가 가장 왕성하므로 서로 다툼이 일어나기 쉬우므로 조심해야 한다.

雲 구름 운

비 우(雨)자와 이를 운(云)자가 합해져서, 비(雨)가 이르기(云) 전에 생기는 '구름'을 말한다.

※ 운집(雲集) : 구름 운(雲) 모일 집(集)으로, 구름처럼 많은 사람들이 모임.
　예 이번에는 새로운 국회 의원을 뽑겠다며 선거 유세장에 많은 사람들이 雲集했다.
※ 운해(雲海) : 구름 운(雲) 바다 해(海)로, 바다처럼 널리 깔린 구름.
　예 비행기에서 내려다본 雲海가 장관이었다.

之 어조사 지

여기서는 '-의'라는 뜻을 가진 관형격 조사로 쓰였다.

志 뜻 지

선비 사(士)와 마음 심(心)이 합해져서, 선비(士)의 마음(心) 곧 '굳은 뜻이나 의지' 등을 말한다.

※ 지사(志士) : 뜻 지(志) 선비 사(士)로, 선비같이 훌륭한 뜻을 가진 사람.
  예 일제 강점기에는 애국 志士들이 많았다.
※ 지조(志操) : 뜻 지(志) 잡을 조(操)로, 원칙이나 신념을 끝까지 잡고 지킴.
  예 사람은 남녀를 불문하고 志操가 있어야 한다.

4. 쓰임

* 모름지기 청년은 **청운지지(靑雲之志)**를 가져야 한다. 큰 뜻을 세우고 그 뜻을 향해 나아가야 한다.

* 홍길동은 **청운지지(靑雲之志)**를 가슴에 품었지만, 서자인 탓에 그 뜻을 펼치지 못함이 한스러웠다.

* 세계적인 과학자가 꿈인 이몽룡은 자신의 미니홈페이지 프로필에 '**청운지지(靑雲之志)**'라는 글자를 새겨 넣었다.

* 나이가 드니 **청운지지(靑雲之志)**를 품고 함께 교정에서 뒹굴었던 중학교 친구들이 무척 보고 싶다.

* 출세하려는 마음을 '**청운지지(靑雲之志)**'라 한다. 청운지지를 품었다면 그만큼 열심히 자신의 실력을 갈고닦아야 한다.

5. 유의어

능운지지(陵雲之志) : 큰 구름같이 높은 뜻.

청운지사(靑雲之士) : 높은 지위에 오른 사람. 곧 청운지지(靑雲之志)를 이룬 사람.

6. '바를 정'자를 표시하며 한자 열 번씩 소리 내어 읽으며 외우기

靑	雲	之	志
푸를 청	구름 운	어조사 지	뜻 지
正正	正正	正正	正正

7. 한자 따라 쓰며 익히기

8획	부수 靑	一 十 キ 主 丰 青 青 青		
靑 靑				
푸를 청				
12획	부수 雨	一 宀 宀 币 雨 雩 雩 雪 雲 雲 雲 雲		
雲 雲				
구름 운				
4획	부수 丿	丶 丶 ラ 之		
之 之				
어조사 지				
7획	부수 心	一 十 士 ナ 志 志 志		
志 志				
뜻 지				

1. 한자 뿌리로 해석하기

初1	志2	一3	貫4	처음(初) 품은 뜻(志)을 한
---	---	---	---	결같이(一) 꿰뚫어(貫) 밀
처음 초	뜻 지	한 일	꿸 관	고 감.

　사람이 맨 처음 세운 뜻을 변함없이 굳은 의지로 끝까지 밀고 나가는 것을 말한다.

2. 도움말

　작심삼일(作心三日)이라는 말이 있다. 처음 세운 뜻이 3일이 지나면 흐지부지해진다는 말이다. 누구나 어떤 일을 처음 시작할 때는 단단히 각오를 한다. 그러나 그 일을 계속하기란 결코 쉽지가 않다. 중간에 다른 일이 생기기도 하고, 마음이 풀어지기도 한다. 그래도 마음을 단단히 먹고 처음 시작한 뜻을 끝까지 밀고 나가는 것을 초지일관(初志一貫)이라고 한다. 사람이 성공하고 못 하고는 바로 여기에 달린 것이다.

　사람 인(人)과 참을 인(忍)은 서로 발음이 같다. 우리말과 한자어는 발음이 같으면 뜻이 서로 통하는 경우가 많다. 이렇게 본다면 사람 인(人)과 참을 인(忍)은 같은 뜻으로도 볼 수 있다. 그러면 여기서 사람은 참을 줄 아는 존재라고 추측할 수 있다.

　우리 「단군신화」에서 곰이 어두운 동굴 속에서 매운 마늘과 쓴 쑥을 먹으면서 100일 동안 참은 결과 사람이 되었다. 이는 참사람이 되기 위해서는 참고 견딜 줄 알아야 한다는 이야기다. 알다시피 호랑이는 참지 못하여 사람이 되지 못하고 말았다.

　곰처럼 될 것이냐, 호랑이처럼 될 것이냐는 여러분 각자의 생각에 달렸다.

3. 한자 뜯어보기

初 처음 초

옷 의(衣)와 칼 도(刀)가 합해진 글자로, 칼(刀)로 옷(衣)을 마름질하는 모습이다. 옷을 만들려면 무엇보다 먼저 가위나 칼(刀)로 옷감(衣)을 마름질해야 하므로, 여기서 '처음'이라는 뜻이 나왔다. 이후 '첫 번째, 당초, 애초' 등의 뜻이 나왔다.

※ **초보(初步)** : 처음 초(初) 걸음 보(步)로, 첫걸음 즉 학문이나 기술 등의 가장 낮은 단계.
  예 그는 初步 운전이라 아직 운전이 서툴다.
※ **초봉(初俸)** : 처음 초(初) 봉급 봉(俸)으로, 첫 봉급.
  예 나는 初俸을 받았을 때의 기쁨을 아직도 잊을 수 없다.

志 뜻 지

선비 사(士)와 마음 심(心)이 합해진 글자로, 선비(士)의 마음(心) 곧 '뜻이나 의지' 등을 가리킨다.

※ **동지(同志)** : 한 가지 동(同) 뜻 지(志)로, 뜻을 하나로 같이하는 사람.
  예 큰일을 하려면 많은 同志들이 필요하다.

一 한 일

갑골문에서 가로획(一)을 하나 그어 '하나'의 개념을 나타낸다.

※ **일반(一般)** : 한 일(一) 모두 반(般)으로, 모두 하나같이 평범한 수준.
  예 一般 가정, 一般 국민 등
※ **일정(一定)** : 한 일(一) 정할 정(定)으로, 하나로 정해진 기준.
  예 글씨를 一定한 크기로 쓰면 보기에 좋다.

貫 꿸 관

꿰뚫을 관(毌)과 조개 패(貝)가 합해진 글자이다. 옛날 돈으로 쓰였던 조개(貝)를 끈으로 꿰어(貫) 놓은 모습으로, 여기서 '꿰다'라는 의미가 나왔다.

※ 일관(一貫) : 한 일(一) 꿸 관(貫)으로, 여럿을 하나로 꿸. 처음부터 끝까지 똑같이 함.
　예 그는 一貫되게 일을 잘한다.

※ 관통(貫通) : 꿸 관(貫) 통할 통(通)으로, 하나로 꿰뚫어서 통하게 함.
　예 총알이 그의 가슴을 貫通했다.

4. 쓰임

* 어려움이 있더라도 초지일관(初志一貫) 밀고 나가야 한다.

* 왜왕은 김제상에게 자신의 신하가 되어 달라고 설득했지만, 김제상은 **초지일관(初志一貫)** 자신은 신라 왕의 신하라고 대답하였다.

* **초지일관(初志一貫)** 원칙을 지키며 일하는 것이 중요하다.

* 허균은 **초지일관(初志一貫)**, 적서 차별을 폐지하고 능력에 따라 인재를 골고루 등용해야 한다고 주장했다.

5. '바를 정'자를 표시하며 한자 열 번씩 소리 내어 읽으며 외우기

初	志	一	貫
처음 초	뜻 지	한 일	꿸 관
正正	正正	正正	正正

6. 한자 따라 쓰며 익히기

7획	부수 刀	`ラ ォ ネ ネ 初 初`			
初 처음 초	初				
7획	부수 心	一 十 士 ナ 志 志 志			
志 뜻 지	志				
1획	부수 一	一			
一 한 일	一				
11획	부수 貝	ㄴ ㅁ ㅁ 四 毋 毋 毋 毋 毋 貫 貫			
貫 꿸 관	貫				

1. 한자 뿌리로 해석하기

靑¹	出⁴	於³	藍²	푸른 색(靑)은 쪽(藍)에서 (於) 나왔다(出).
푸를 청	날 출	어조사 어	쪽 람	

제자나 후배가 스승이나 선배보다 나음을 비유한 말이다. 푸른빛이 쪽 (풀)에서 짜낸 물감이지만 쪽보다 더 푸르듯이, 제자나 후배가 스승이나 선배보다 더 나아야 한다는 말이다. 마찬가지로 아들이 아버지보다 더 나아야 하지 않을까?

2. 유래

이 말은 『순자』의 〈권학편〉에 나오는 말로, 원문은 '청출어람(靑出於藍) 이청어람(而靑於藍)'이다. 해석하면 '푸른빛이 쪽에서 나왔지만, 쪽보다 더 푸르다'가 된다.

3. 한자 뜯어보기

靑 푸를 청

원래 날 생(生)자와 붉을 단(丹)이 합해진 글자인데, 글자 모양이 변해 오늘날처럼 되었다. 날 생(生)자는 흙(土)에서 떡잎(屮)이 올라오는 모습이고, 단(丹)자는 붉은 색깔의 돌이다.

붉은 돌(丹) 틈 사이 흙(土) 위로 떡잎(屮)이 올라오니, 그 색깔이 한층 진한 '초록색'으로 보일 것이다. 청(靑)자는 봄에 처음 솟아나는 '초록색'을 말한다. 초록색은 교통 신호등에서 보듯 푸른색이라고도 한다.

※ 청포도(靑葡萄) : 푸를 청(靑) 포도 포(葡) 포도 도(萄)로, 다 익어도 빛깔

이 푸른 포도.

예 7월은 靑葡萄의 계절이다.

※ 청년(靑年) : 푸를 청(靑) 해 년(年)으로, 푸른 나이로 젊은이를 가리킴.

예 거리에 靑年들이 많이 나다녔다.

出 날 출

갑골문에서, 반지하식으로 만든 움집 모양인 입 벌릴 감(凵)자와 발의 모양인 멈출 지(止)를 합친 글자이다. 집 밖으로 나가는 모양을 나타낸 것인데 글자 모양이 바뀌어 오늘날처럼 되었다. '밖으로 나가다'가 원뜻이며, 여기서 '발생하다, 태어나다, 출발하다' 등의 뜻이 파생되었다.

※ 출구(出口) : 날 출(出) 입 구(口)로, 나가는 문.

예 이 지하철역은 환승역이라 너무 넓고 노선이 많아서 出口를 찾기가 어렵다.

※ 출발(出發) : 날 출(出) 떠날 발(發)로, 집을 나가서 길을 떠남.

예 내일 出發하는 것 잊지 마.

於 어조사 어

이는 어조사로 (1) -에, -에서(처소격), (2) -보다(비교격), (3) -를(목적격), (4) -에게(여격) 등으로 쓰인다.

여기서는 '-에서'라는 뜻의 처소격으로 쓰였다.

※ 어중간(於中間) : 어조사 어(於) 가운데 중(中) 사이 간(間)으로, 거의 가운데쯤 되는 곳, 또는 그런 상태.

예 그는 둘 사이에서 於中間한 입장을 취하고 있다.

※ 어차피(於此彼) : 어조사 어(於) 이 차(此) 저 피(彼)로, 이렇게나 저렇게나 어쨌든. 어차어피(於此於彼)의 준말.

예 於此彼 가야 한다면, 빨리 가자.

藍 쪽 람

풀 초(++)자와 볼 감(監)이 합해진 글자이다. 보기(監)에 좋은 색을 뽑을 수 있는 풀(++), 즉 '쪽'을 말한다.

풀 초(++)가 들어가면 대개 식물과 관계되는 말이라고 기억해 두면 된다.

※ 남색(藍色) : 쪽 람(藍) 빛 색(色)으로, 푸른빛을 띤 자주색.
　　예 그는 藍色 옷을 즐겨 입는다.

4. 쓰임

* 안나는 엄마 제인의 외모와 성격을 꼭 닮은 아이지만 **청출어람(靑出於藍)**이라고 했던가, 안나는 점점 자라면서 엄마 제인보다 더 뛰어난 피아니스트로 성장하였다.

* 그는 돈을 좇는 사업가가 되는 대신에 **청출어람(靑出於藍)**, 즉 훌륭한 제자를 키우는 일에 매진했다.

* 제자가 스승보다 뛰어나다는 **청출어람(靑出於藍)**이란 말처럼 바둑 기사 이창호는 결승 대국에서 스승 조훈현을 누르고 그 대회에서 우승을 차지하였다.

* 두 사람의 인연은 십 년 전부터 시작되었다. 제자의 **청출어람(靑出於藍)**, 이를 가능케 한 스승의 노고가 없었다면 그는 여태껏 거리를 헤매고 다녔을 것이다.

* 이번 경기에 우승하여 '**청출어람(靑出於藍)**'이란 소리를 듣게 할 것이다. 이것이 제자가 스승에게 보답하는 최고의 선물일 것이다.

5. 유의어

출람지재(出藍之才) : 쪽풀에서 나온 재주로, '청출어람'과 같은 뜻이다.

6. '바를 정' 자를 표시하며 한자 열 번씩 소리 내어 읽으며 외우기

青	出	於	藍
푸를 청	날 출	어조사 어	쪽 람
正正	正正	正正	正正

7. 한자 따라 쓰며 익히기

8획	부수 青	一 十 キ 圭 丰 青 青 青		
青 푸를 청	青			
5획	부수 凵	丨 屮 屮 出 出		
出 날 출	出			
8획	부수 方	` 亠 ゔ 方 扩 扵 於 於		
於 어조사 어	於			
18획	부수 艹	` 艹 艹 艹 岦 岦 萨 萨 萨 萨 萨 萨 藍 藍 藍 藍 藍 藍		
藍 쪽 람	藍			

1. 한자 뿌리로 해석하기

錦1	衣2	還4	鄉3	비단(錦) 옷(衣)을 입고
비단 금	옷 의	돌아올 환	고향 향	고향(鄉)으로 돌아옴(還).

객지에 나가 성공해서 고향으로 돌아옴을 비유한 말.

2. 유래

　　진나라를 물리치고 수도 함양에 입성한 항우는 유방과는 다르게 행동했다. 나이 어린 왕자 자영을 죽이고, 아방궁에 불을 지르고, 진시황의 무덤까지 파헤치는 등 잔인한 행동을 서슴지 않았다. 그리고 유방이 창고에 쌓아 둔 재물과 미녀들을 손에 넣고 고향으로 돌아가려고 했다.

　　그때 한생이라는 참모가 이렇게 말했다. "함양은 사방이 산과 강으로 둘러싸인 군사 요충지이며 땅도 비옥하니, 이곳을 도읍으로 정하시어 천하를 통일하십시오." 그러나 항우는 한시라도 빨리 고향으로 돌아가 출세한 자신을 자랑하고 싶은 마음뿐이었다. 그가 혼잣말로 이렇게 중얼거렸다. '성공하고도 고향으로 돌아가지 않는 것은 비단옷을 입고 밤에 길을 가는 것과 같다. 누가 이것을 알아주겠는가? <u>비단옷을 입었으면 고향으로 돌아가는 것이 마땅하다.</u>'

　　그러자 한생이 비웃으며 말했다. "세상 사람들이 말하기를 초나라는 원숭이에게 옷을 입히고 갓을 씌웠을 뿐이라고 하더니 그 말이 정말이구나." 이 말을 듣고 크게 진노한 항우는 한생을 삶아 죽여 버리고 자신의 군대를 이끌고 고향인 초나라로 돌아갔다.

　　초나라는 중국 남쪽에 자리하고 있어, 중국 중심부와는 한참 떨어진 외진 곳이다. 따라서 고향으로 귀국한 항우의 이 행동이야말로 후일 천하를 유방에게 넘겨주는 결정적 계기가 되고 만다. 항우가 한생의 말을 들었다면, 『삼국지』의 내용이 많이 달라졌을 것이다.

- 출전 : 사기, 항우본기

3. 한자 뜯어보기

錦 비단 금

금 금(金)과 비단 백(帛)이 합해진 글자로, 황금(金)처럼 화려한 무늬의 '비단(帛)'을 말한다. 여기서 '아름답다'는 뜻이 나왔다.

※ 금의야행(錦衣夜行) : 비단 금(錦) 옷 의(衣) 밤 야(夜) 갈 행(行)으로, 비단 옷을 입고 밤길을 감. 즉 남들이 알아주지 않는 일을 함.
　예 錦衣夜行을 해 봐야 어두워서 아무것도 보이지 않아 아무도 알아주지 않는다.

※ 금수강산(錦繡江山) : 비단 금(錦) 수놓을 수(繡) 강 강(江) 뫼 산(山)으로, 비단에 수놓은 것처럼 아름다운 강과 산.
　예 예로부터 우리나라는 아름다운 산과 강이 많아 錦繡江山이라고 불리었다.

衣 옷 의

그림 문자로, 윗옷의 모양을 그린 글자이다.

※ 의복(衣服) : 옷 의(衣) 옷 복(服)으로, 옷.
　예 '衣服이 날개다'라는 말이 있다.

※ 탈의실(脫衣室) : 벗을 탈(脫) 옷 의(衣) 방 실(室)로, 옷을 갈아입는 방.
　예 우리는 脫衣室에서 운동복으로 갈아입었다.

還 돌아올 환

쉬엄쉬엄 갈 착(辶)과 되풀이할 경(睘)이 합해져, 갔다가(辶) 원을 그리듯 한 바퀴 돌아오는(睘) 것을 말한다. 여기서 '돌아오다, 되돌리다, 돌려주다' 등의 뜻이 나왔다.

※ 귀환(歸還) : 돌아갈 귀(歸) 돌아올 환(還)으로, 돌아옴 또는 돌아감.
　　예 무사히 조국으로 歸還하신 것을 환영합니다.
※ 환국(還國) : 돌아올 환(還) 나라 국(國)으로, 자기 나라로 돌아옴.
　　예 그는 오랫동안의 유학 생활을 마치고 還國했다.

鄕 시골 향

음식을 가운데 두고 손님과 주인이 마주 앉은 모습을 그린 그림 문자이다. 이후 함께 식사를 하는 씨족 집단이라는 의미에서 '시골, 고향' 등의 뜻이 나왔다.

※ 고향(故鄕) : 옛 고(故) 시골 향(鄕)으로, 예전에 살았던 시골, 태어나서 자라난 곳, 조상 때부터 대대로 살아온 곳을 말한다.
　　예 나는 어렸을 때 살았던 故鄕이 그립다.

4. 쓰임

* 메이저 리그에서 투수로 뛰고 있는 류현진 선수가 고액의 연봉 계약을 체결하고 인천 공항을 통해 금의환향(錦衣還鄕)했다.
* 방탄소년단은 해외 공연을 성공리에 마치고 금의환향(錦衣還鄕)했다.
* 대한민국 양궁 국가 대표 선수단은 이번 대회에서 우승을 차지하여 환한 얼굴로 금의환향(錦衣還鄕)했다.
* 베트남 축구 대표팀을 4강에 진출시킨 박항서 감독의 금의환향(錦衣還鄕)을 축하하며 많은 인파들이 박수를 보냈다.

5. '바를 정' 자를 표시하며 한자 열 번씩 소리 내어 읽으며 외우기

錦	衣	還	鄕
비단 금	옷 의	돌아올 환	시골 향
正正	正正	正正	正正

6. 한자 따라 쓰며 익히기

16획	부수 金	ノ ノ ト 广 午 牟 余 金 金 釒 釒 釒 鈤 鈤 錦 錦		
錦 비단 금	錦			
6획	부수 衣	丶 亠 亠 衣 衣 衣		
衣 옷 의	衣			
17획	부수 辶	丶 冂 冂 严 罒 罒 罒 罒 罖 罖 罖 睘 睘 環 還 還		
還 돌아올 환	還			
13획	부수 阝	⺱ ⺱ 乡 乡 乡 乡 鄕 鄕 鄕 鄕 鄕 鄕 鄕		
鄕 시골 향	鄕			

1. 한자 뿌리로 해석하기

大¹	器²	晚³	成⁴	큰(大) 그릇(器)은 늦게 (晚) 이루어짐(成).
큰 대	그릇 기	늦을 만	이룰 성	

큰 그릇을 만드는데 많은 시간이 걸리듯, 큰 인물은 하루아침에 이루어지지 않고 오랜 시간 많은 노력 끝에 이루어진다는 말이다. 모든 일을 멀리 크게 보라는 의미도 담겨 있다.

2. 유래

『노자(老子)』 41장에서 나오는 말이다. 노자는 여기에서 옛글을 인용하여 도(道)를 설명하였는데 '아주 큰 사각형은 귀가 없고(大方無隅), 큰 그릇은 늦게 이루어진다(大器晚成). 아주 큰 소리는 들을 수 없고(大音希聲), 아주 큰 형상은 모양이 없다(大象無形). 왜냐하면 도는 항상 사물의 배후에 숨어 있는 것이므로 무엇이라고 긍정할 수도, 또 부정할 수도 없기 때문이다.'라고 하였다.

중국 위나라에 최염(崔琰)이라는 장군이 있었다. 그는 대인의 기품이 있어 황제의 신임이 매우 두터운 사람이었다. 그에게 사촌 동생 임(林)이라는 사람이 있었는데, 그는 젊어서는 별로 명망이 없었기 때문에 친척들 간에도 업신여김을 당했다.

그러나 최염은 그의 인물됨을 꿰뚫어 보고는 늘 "큰 종이나 큰 솥은 쉽게 만들지 못한다. 큰 인재도 이와 마찬가지인데 너는 대기만성(大器晚成)형의 사람이니 후일에는 반드시 큰 인물이 될 것이다."라고 말하며 그를 아끼고 도와주었다. 과연 뒷날에 임은 삼공(三公)이 되어 천자를 보필하는 높은 자리에 오르게 되었다고 한다.

3. 한자 뜯어보기

大 큰 대

 　　팔과 다리를 크게 벌린 사람의 정면 모습을 그렸다. 사람의 옆 모습을 그린 인(人)과는 달리 크고 위대한 사람을 말한다. 이로부터 '크다, 위대하다' 등의 뜻이 나왔다.

※ 대학(大學) : 큰 대(大) 배울 학(學)으로, 가장 큰 학문. 차원이 높은 학문.
　　예 그는 大學에 다닌다.
※ 확대(擴大) : 넓힐 확(擴) 큰 대(大)로, 넓혀서 크게 함.
　　예 사진을 크게 擴大했다.

器 그릇 기

　　개 견(犬)자의 아래위에 입 구(口) 네 개가 합쳐진 글자로, 사람들이 들에 나가 일하다가 밥을 먹고 나면 개(犬)가 그릇(口)을 지킨다는 뜻에서 '그릇' 이란 의미로 쓰이게 되었다.

※ 악기(樂器) : 음악 악(樂) 그릇 기(器)로, 음악을 연주할 때 쓰는 기구를 통틀어 이르는 말.
　　예 그는 모든 樂器를 잘 다룬다.
※ 무기(武器) : 굳셀 무(武) 그릇 기(器)로, 싸울 때 사용하는 각종 기구.
　　예 군인은 武器를 잘 사용할 줄 알아야 한다.

晩 늦을 만

　　해 일(日)과 벗을 면(免)이 합해져서, 해(日)가 없어지는(免) 늦은 시간을 말한다. 여기서 '늦다, 저물다' 등의 뜻이 나왔다.

※ 만학(晩學) : 늦을 만(晩) 배울 학(學)으로, 보통 사람보다 늦은 나이에 공부를 시작함.
　　예 그는 晩學으로 공부를 시작했지만, 남보다 더 열심이다.

※ 조만간(早晩間) : 이를 조(早) 늦을 만(晩) 사이 간(間)으로, 아침부터 저녁 사이. 곧.

예 제가 早晩間 연락을 드리겠습니다.

成 이룰 성

본래 도끼로 나무토막을 쪼개는 모양을 본뜬 그림인데, 나무를 쪼개어 물건을 만드는 데서 '이루다'라는 뜻이 나왔다.

※ 성공(成功) : 이룰 성(成) 공 공(功)으로, 노력해서 공을 이룸.

예 사람은 누구나 成功하고자 노력한다.

※ 성적(成績) : 이룰 성(成) 실적 적(績)으로, 이룬 실적. 일이나 시험의 결과.

예 공부를 적게 하고 좋은 成績을 기대할 수는 없다.

4. 쓰임

* 매사 신중한 그는 대기만성(大器晩成)형이라 늘 조금 뒤진 듯했지만 모두가 포기하고 떠났을 때도 끝까지 남아 결국 그 일을 성공시킨 주인공이 되었다.

* 강은구 선수는 대기만성(大器晩成)형이었다. 대학 졸업 시즌이 되어서야 두각을 나타내기 시작했다.

* 대기만성(大器晩成)이라 하더니, 과연 김 진사는 서른이 넘은 늦은 나이에 공부를 시작하였지만 그동안의 풍부한 경험을 살려 오십 살이 넘어서 장원 급제를 하였다.

* 대기만성(大器晩成)이니 너무 조급하게 생각하지 마라.

* 20년 무명 생활 끝에 드디어 주연 배우가 된 그는 대기만성(大器晩成)형 배우라고 할 수 있다.

5. '바를 정' 자를 표시하며 한자 열 번씩 소리 내어 읽으며 외우기

大	器	晚	成
큰 대	그릇 기	늦을 만	이룰 성
正正	正正	正正	正正

6. 한자 따라 쓰며 익히기

3획	부수 大	一 ナ 大		
大 大				
큰 대				
16획	부수 口	丶 ㅁ ㅁ ㅁㅁ ㅁㅁ ㅁㅁ ㅁㅁ 哭 哭 哭 哭 器 器 器 器 器		
器 器				
그릇 기				
11획	부수 日	丨 ㅁ ㅁ ㅁ ㅁ' 晄 晄 晄 晄 晄 晚		
晚 晚				
늦을 만				
7획	부수 戈	丿 厂 厂 厈 成 成 成		
成 成				
이룰 성				

둘째 마당

공부, 어떻게 하나요?

세상의 모든 일이 알면 즐겁고, 모르면 괴로운 것이다. 수영을 한번 예로 들어 보자. 수영을 잘하는 학생은 물만 보면 뛰어들고 싶지만, 그렇지 않는 학생은 물만 보면 겁이 나는 것과 같은 이치이다.

그래서 공부가 즐거워질 때까지 꾹 참고 계속하는 것이 가장 좋은 방법이다.
 - 고진감래(苦盡甘來)

고생 끝에 낙이 온다는 말이 있다. 어려움을 꾹 참고 열심히 하다 보면 어느새 공부가 재미있어지고, 또한 성적도 올라 있을 것이다. 그날이 올 때까지 해야 한다. 즐거울 때까지 괴로움을 참아야 한다.

그런데 대개 공부 안 하는 사람은 반드시 공부를 안 하는 핑곗거리를 만든다. 몸이 약하다거나, 가정 형편이 어렵다거나, 공부방이 없다거나, 학교가 마음에 들지 않는다거나…….

그러나 이런 모든 어려움을 물리치고 공부에 전념해야 한다.
 - 형설지공(螢雪之功)

한석봉 같은 사람은 집안이 어려워 먹과 종이 살 돈이 없었지만 손가락에 물을 묻혀 장독대나 기왓장에 글씨 연습을 해서 나중에 조선의 3대 명필가 중의 한 사람이 되었다. 핑계는 핑계에 불과한 것이다.

다음으로 각 과목의 기본이 되는 것은 반복하고 반복해서 완전히 자기 것으로 만들어야 한다.
 - 위편삼절(韋編三絶)

국어나 영어는 기본 단어나 문법을 완전히 익혀야 하고, 수학이나 과학은 기본 개념이나 원리나 공식 같은 것을 완전히 이해해야 한다. 책이 떨어져 너덜너덜하게 될 때까지 익혀서 자기 것이 되어야 한다. 그래야 다음 단계인 응용이 가능해진다.

그리고 모르는 것이 있으면 무조건 물어보아야 한다.

- 불치하문(不恥下問)

모르는 것은 잘못이 아니다. 모르면서 아는 체하는 것이 잘못이다. 그래서 모르는 것은 선생님이나 주변의 누구에게라도 물어서 그 문제를 해결해야 한다. 심지어는 후배나 동생한테 물어봐도 괜찮다. 아는 것이 목적이다. 그래서 모르는 것을 묻는 것은 공부하는 사람이 지녀야 할 가장 기본적인 덕목인 것이다.

이렇게 꾸준히 하다 보면 다 이루어진다.   - 일취월장(日就月將)

날이 가고 달이 갈수록 실력은 점점 늘어서 여러분 스스로가 놀랄 지경이 될 것이다. 공부는 즐거워지고, 성적은 올라가고, 주변 사람들의 시선은 놀랄 것이다.

그날을 위하여!

둘째 마당 ①   고진감래 苦盡甘來

1. 한자 뿌리로 해석하기

苦¹	盡²	甘³	來⁴	괴로운 일(苦)이 다하면
쓸 고	다할 진	달 감	올 래	(盡) 좋은 일(甘)이 옴(來).

고생 끝에 낙이 오는 것을 비유하여 이르는 말이다.

모든 일은 힘들게 일을 하고 난 다음에야 좋은 결과가 있다.

2. 도움말

사람들은 모두 행복하기를 원한다. 그러나 세상 사람들이 모두 행복한 것은 아니다. 왜 그럴까?

세상에 공짜는 없다. 이 말을 명심해야 한다.

그래서 행복을 얻으려면 거기에 걸맞은 노력을 해야 한다. 즉 고생을 해야 행복이라는 것을 얻을 수 있다는 말이다. 그래서 젊어서 고생은 돈 주고 사서라도 한다는 말이 있다. 이 말은 젊어서 열심히 일해야 늙어서 고생을 안 하고 산다는 말이다. 아마도 개미와 베짱이 이야기는 모두 알고 있을 것이다. 고생 끝에 낙이 오는 것이다.

어떤 사람은 말할 것이다. 우리 부모님은 부자니까 나는 괜찮다고. 그럼 하나 물어보자. 아버지가 부자라고 내가 부자로 산다는 보장이 어디 있는 가? 곰곰이 한번 생각해 보자. 형이 공부 잘한다고 내가 공부 잘하는가? 친구가 건강하다고 내가 건강한가? 모든 것은 내 손으로 땀을 흘려 얻은 것만이 진정한 내 것이다. 공부도 그렇고 돈도 그렇고 건강도 그렇다.

공부를 잘하기 위해서는 열심히 공부하는 수밖에 없고, 잘살기 위해서 는 검소하게 살면서 부지런히 모으는 수밖에 없고, 건강하기 위해서는 매일 열심히 운동하는 수밖에 다른 방법은 없다. 하늘에서 우연히 떨어지는 일은 어떤 경우에도 없다. 노력하는 수밖에 없다.

3. 한자 뜯어보기

苦 쓸 고

풀 초(艹)와 옛 고(古)가 합해진 글자로, 쓴맛이 나는 '씀바귀'를 말한다. 이에 맛이 '쓰다, 어렵다, 괴롭다' 등의 뜻이 나왔다.

※ 고통(苦痛) : 괴로울 고(苦) 아플 통(痛)으로, 몸이나 마음이 괴롭고 아픔.
   예 苦痛을 견디는 사람이 강한 사람이다.
※ 고생(苦生) : 쓸 고(苦) 살 생(生)으로, 괴롭게 살아감.
   예 젊어서 苦生은 돈 주고 사서 한다는 말이 있다.

盡 다할 진

붓 율(聿)과 그릇 명(皿)이 합해진 글자로, 붓(聿)으로 그릇(皿) 속을 깨끗이 청소하는 모습이다. 이로부터 '다하다, 완벽하다' 등의 뜻이 나왔다.

※ 매진(賣盡) : 팔 매(賣) 다할 진(盡)으로, 모두 팔려 나감.
   예 인기 있는 영화표는 일찍 賣盡된다.
※ 무진장(無盡藏) : 없을 무(無) 다할 진(盡) 감출 장(藏)으로, 끝이 없을 정도로 가시고 있음.
   예 그 사람은 돈이 無盡藏 많다.

甘 달 감

입(口) 안에 단 음식을 물고 있는 그림으로, '달다'라는 뜻이다.

※ 감미(甘味) : 달 감(甘) 맛 미(味)로, 단맛.
   예 그는 지나치게 甘味를 좋아한다.

※ 감로수(甘露水) : 달 감(甘) 이슬 로(露) 물 수(水)로, 단맛이 나는 이슬 같
은 물. 이슬같이 깨끗하고 맛이 좋은 물.
약수터에서 떠온 물이 甘露水같이 달고 맛이 있다.

來 올 래

갑골문에 보리가 팬 모습을 그린 그림이다. 보리는 원산지인
중앙아시아로부터 온 식물이기에, '오다'라는 뜻이 나왔다.

※ 미래(未來) : 아닐 미(未) 올 래(來)로, 아직 오지 않는 때.
예 젊은이는 未來를 꿈꾸며 현재를 참아 내야 한다.
※ 내일(來日) : 올 래(來)와 날 일(日)로, 다가올 날.
예 來日을 위해 오늘 열심히 살자.

4. 쓰임

* 고진감래(苦盡甘來)라고, 박강민 선수는 이번 시즌 내내 부상에 시달렸
지만 재활과 훈련을 게을리하지 않아 홈런을 치며 경기에 복귀하였다.
* 고진감래(苦盡甘來)라는 말을 믿고 박흥보는 수능 시험 날까지 놀고 싶
고 쉬고 싶은 유혹을 물리치며 공부에 전념하였다.
* 귀농은 힘든 일이지만 고진감래(苦盡甘來)라, 어려움을 참고 견디면 좋
은 날이 올 거다.
* 고진감래(苦盡甘來)라, 인내는 쓰고 그 열매는 달다.

5. 반의어

흥진비래(興盡悲來) : 즐거운 일이 지나가면 슬픈 일이 닥쳐온다. 세상일이 좋
을 때가 있으면 나쁠 때도 있으니, 잘된다고 너무 자만하지 말고 겸손하게
살라는 교훈.

6. '바를 정' 자를 표시하며 한자 열 번씩 소리 내어 읽으며 외우기

苦	盡	甘	來
쓸 고	다할 진	달 감	올 래
正正	正正	正正	正正

7. 한자 따라 쓰며 익히기

9획	부수 艹	㇐ ㇐ ㇐ 艹 艹 芐 芐 苦 苦		
苦	苦			
쓸 고				
14획	부수 皿	㇆ ㇕ ㇕ 肀 肀 聿 聿 肀		
		肀 肀 盡 盡 盡		
盡	盡			
다할 진				
5획	부수 甘	㇐ ㇓ 艹 ㇐ 甘		
甘	甘			
달 감				
8획	부수 人	㇐ ㇏ ㇏ ㇏ ㇏ 冲 来 來		
來	來			
올 래				

둘째 마당 ② 형설지공 螢雪之功

1. 한자 뿌리로 해석하기

螢¹	雪²	之³	功⁴	반딧불(螢)과 눈빛(雪)으로 공부하여 얻은(之) 공로(功).
반딧불이 형	눈 설	어조사 지	공로 공	

　가정 형편이 어려운 가운데서 고생하면서도 꾸준히 공부하여 끝내 성공하는 것을 비유하는 말이다.

2. 유래

　옛날 중국 진나라에 차윤(車胤)이라는 소년이 있었다. 그는 열심히 공부하였으나 집안이 너무 가난하여 등불을 켜는 데 쓸 기름조차 구할 수 없었다. 그러나 그는 밤에도 쉬지 않고 책을 읽고 싶었다. 그래서 여러 가지로 궁리한 끝에 엷은 명주 주머니를 만들어 그 속에 반딧불이 수십 마리를 잡아넣어 거기서 나오는 빛으로 책을 비추며 읽었다.

　그렇게 밤을 새우며 공부한 결과, 마침내 상서랑(尙書郞)이라는 중앙 정부의 고급 관리가 되었다고 한다.

　또 그와 비슷한 시기에 손강(孫康)이라는 소년이 있었다. 그는 어려서부터 나쁜 친구들과 어울리지 않고 열심히 공부하였으나 역시 집안이 가난하여 등불을 켤 기름을 구할 수가 없었다. 그는 궁리 끝에, 겨울날 추위를 무릅쓰고 창밖으로 머리를 내밀고 쌓인 눈에 반사되는 달빛에 비추어 책을 읽었다고 한다.

　그렇게 열심히 노력한 결과, 관리를 단속하는 관청의 장관인 어사대부(御史大夫)라는 높은 벼슬에까지 올랐다고 한다.　　　　－ 출전 : 진서

3. 한자 뜯어보기

螢 반딧불이 형

빛날 형(熒)의 생략형과 벌레 충(虫)이 합해진 글자이다. 밝은 빛(熒)을 내는 벌레(虫), 즉 '반딧불이' 또는 '개똥벌레'를 말한다.

※ 형광등(螢光燈) : 반딧불 형(螢) 빛 광(光) 등잔 등(燈)으로, 반딧불같이 빛을 내는 등.
　예 우리는 밤에 螢光燈 아래에서 생활한다.

雪 눈 설

갑골문에서는 비 우(雨)자와 깃 우(羽)자가 합해진 글자인데, 글자 모양이 바뀌어 지금처럼 되었다. 비(雨)가 얼음이 되어 마치 깃털(羽)처럼 내리는 모습을 그려 '눈'이 되었다.

※ 설경(雪景) : 눈 설(雪) 볕 경(景)으로, 눈이 쌓인 경치.
　예 북악산의 雪景이 아름답다.
※ 백설(白雪) : 흰 백(白) 눈 설(雪)로, 흰 눈.
　예 창밖에 白雪이 흩날린다.

之 어조사 지

여기시는 무엇 '-의'라는 관형격 조사로 쓰였다.

功 공로 공

장인 공(工)과 힘 력(力)이 합쳐진 글자이다. 솜씨 좋은 기술자인 장인(工)이 힘(力)을 써서 만드는 것이므로, 여기서 '공, 공로, 일, 노력' 등의 뜻이 나왔다.

※ 공로(功勞) : 공로 공(功) 일할 로(勞)로, 어떤 일을 한 공적.
　예 그는 열심히 일한 功勞로 표창장을 받았다.

※ 공덕(功德) : 공 공(功) 덕 덕(德)으로, 다른 사람을 위해 착한 일을 함.
예 *功德*을 많이 쌓아야 복을 받는다.

4. 쓰임

* 산길을 기어 통학한 장애 어린이의 **형설지공(螢雪之功)**에 세계가 감동했다.

* 낮에는 일하고 밤에는 공부하며 **형설지공(螢雪之功)**의 노력을 한 결과 모두가 졸업장을 손에 쥐게 되었다.

* 그는 가난하였지만, **형설지공(螢雪之功)**의 자세로 열심히 노력하였다.

* 햄버거 가게에서 흘러나오는 불빛으로 공부하던 소년의 **형설지공(螢雪之功)**하는 모습을 보고 많은 사람들이 학용품을 보내 주었다.

* 가난 때문에 학교에 다니지 못했던 김나무 씨는 **형설지공(螢雪之功)**의 노력 끝에 75세에 대학에 입학하게 되었다.

5. 유의어

형창설안(螢窓雪案) : 반딧불이가 비치는 창과 눈이 비치는 책상. 형편이 어려운 데서도 반딧불이나 눈에 의지하여 공부하듯이, 학문에 힘씀을 비유한 말이다.

손강영설(孫康映雪) : 중국 진나라의 손강이 등잔불이 없어서 책을 눈빛에 비추며 읽었다. 즉 고생하면서 열심히 공부하는 것을 비유하는 말이다.

6. '바를 정' 자를 표시하며 한자 열 번씩 소리 내어 읽으며 외우기

螢	雪	之	功
반딧불이 형	눈 설	어조사 지	공 공
正正	正正	正正	正正

7. 한자 따라 쓰며 익히기

16획	부수 虫	` ` ` ` ` ` ` ` ` ` `  ` ` ` ` ` ` ` ` ` ` ` ` 螢 螢		
螢	螢			
반딧불이 형				
11획	부수 雨	一 厂 厅 乖 乖 乖 乖 雪 雪 雪		
雪	雪			
눈 설				
4획	부수 丿	` ` 宀 之		
之	之			
어조사 지				
5획	부수 力	一 丁 工 巧 功		
功	功			
공 공				

1. 한자 뿌리로 해석하기

韋[1]	編[2]	三[3]	絕[4]	가죽(韋)으로 엮은(編) 책
가죽 위	엮을 편	석 삼	끊을 절	끈이 세 번(三)이나 끊어 짐(絕).

　책을 너무 읽어, 죽간을 꿰뚫어 묶은 가죽 끈이 세 번이나 끊어졌다는 말로, 책이 닳고 닳을 때까지 읽으며 학문에 열중한다는 뜻이다. 즉 책을 열심히 읽음을 비유하는 말이다.

2. 유래

　공자는 말년에 『주역』에 심취하여, 이 책을 읽으면서 가죽 끈이 세 번이나 끊어졌다고 한다.

　『주역』은 동양 철학의 근원이 되는 책으로, 천지인(天地人)의 원리를 설명하고 풀이한 책이다.

　공자가 살았던 춘추 전국 시대에는 아직 종이가 발명되기 전이라, 종이 대신 대나무 껍질에 글자를 썼다. 그리고 이 대나무 껍질에 구멍을 뚫어서, 이 구멍을 가죽 끈으로 꿰어 묶어 만든 죽간(竹簡)이라는 형태의 책을 사용하였다.

　공자는 이 『주역』 책을 셀 수 없이 읽다 보니 책을 꿰뚫어 묶었던 가죽 끈이 끊어져 새것으로 바꾼 것이 여러 번이었다고 한다. 이렇게 열심히 공부하였으면서도, 공자는 죽을 무렵에 "내가 몇 년 더 살 수 있다면 『주역』의 내용을 완벽히 파악할 수 있을 텐데(假我數年, 若是, 我于易則彬彬矣)."라며 아쉬워했다고 한다. 이런 점을 보면 공부는 끝이 없는 것을 알 수 있다.

3. 한자 뜯어보기

韋 가죽 위

갑골문에 두 발로 성을 에워싼 모습이다. '에워싸다'가 원래 뜻인데, 뒤에 '무두질을 한 가죽'이란 뜻으로도 쓰이게 되었다. 짐승의 가죽은 잘 말아지고 구겨지기 쉬운데, 위(韋)는 가죽을 좌우로 잘 무두질을 한 '부드러운 가죽'을 말한다. 이것으로 가방이나 구두를 만든다.

※ 위편(韋編) : 무두질한 가죽 위(韋) 엮을 편(編)으로, 가죽으로 책을 엮음.
　예 옛날에는 韋編이 있었다고 한다.

編 엮을 편

실 사(糸) 변에 넓적할 편(扁)이 합쳐진 글자이다. 넓적한 조각(扁)을 실(糸)로 '엮다'는 뜻이다. 옛날에는 글씨를 대나무 껍질이나 나무 조각에 썼기 때문에, 여기에 구멍을 뚫어 이를 실이나 가죽으로 꿰어 묶었던 것이다.

※ 편집(編輯) : 엮을 편(編) 모을 집(輯)으로, 글을 모아 책으로 엮음.
　예 출판사는 책을 編輯하여 출판한다.
※ 개편(改編) : 고칠 개(改) 엮을 편(編)으로, 조직이나 책 따위를 다시 고쳐 엮음.
　예 작년에 교과서 改編이 있었다.

三 석 삼

세 개의 가로획(三)으로 숫자 3을 나타낸다. 3은 동양에서 '천지인'을 상징하는 좋은 숫자로 생각한다.

※ 삼고(三高) : 석 삼(三) 높을 고(高)로, 한자를 씀으로써 세 가지가 높아지는 현상, 즉 고품격, 고학력, 고득점이다.
　예 한자를 공부하여 三高 효과를 얻어 보자.
※ 삼국(三國) : 석 삼(三) 나라 국(國)으로, 세 나라.
　예 우리나라는 옛날에 三國 시대가 있었다.

絶 끊을 절

원래는 실 사(糸)변에 칼 도(刀)가 합해진 글자이다. 칼(刀)로 실(糸)을 '끊다'라는 뜻이다. 원래 끊을 도(釖)의 모양이었으나, 현재 글자 모양이 변해 칼 도(刀)가 빛 색(色)으로 바뀌어 지금의 모양이 되었다.

※ 절대(絶對) : 끊을 절(絶) 대할 대(對)로, 비교하거나 상대할 만한 것이 끊어져 없음.
   예) 그런 일은 絶對로 일어나지 않는다.
※ 근절(根絶) : 뿌리 근(根) 끊을 절(絶)로, 다시 일어날 수 없게 뿌리째 없애버림.
   예) 우리 사회에 부정부패를 根絶시켜야 한다.

4. 쓰임

* 공자는 나이 50에 『주역』을 접하고 **위편삼절(韋編三絶)** 했을 정도로 독서에 심취하였다.

* **위편삼절(韋編三絶)**토록 책을 읽고 또 읽어야 그 뜻을 충분히 헤아릴 수 있게 된다.

* 공부 잘하는 최고의 비법은 반복이다. **위편삼절(韋編三絶)**토록 읽어야 한다.

* 꿈을 이루고 성공하는 인생을 위해 공자의 **위편삼절(韋編三絶)**을 나도 해 봐야겠다.

5. 유의어

현량자고(懸梁刺股) : 머리카락을 대들보에 묶고 허벅지를 송곳으로 찌른다. 즉 졸지 않으려고 대들보에 머리카락을 묶고, 졸리면 송곳으로 허벅다리를 찌르면서까지 지독하게 공부하는 모습을 묘사한 말이다.

6. '바를 정' 자를 표시하며 한자 열 번씩 소리 내어 읽으며 외우기

韋	編	三	絶
가죽 위	엮을 편	석 삼	끊을 절
正 正	正 正	正 正	正 正

7. 한자 따라 쓰며 익히기

9획	부수 韋			
韋	韋			
가죽 위				
15획	부수 糸	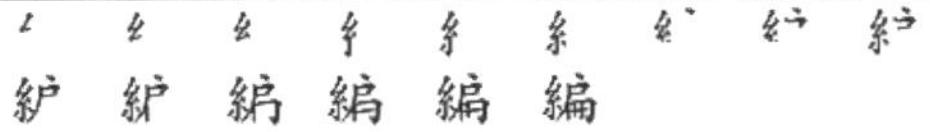		
編	編			
엮을 편				
3획	부수 一			
三	三			
석 삼				
12획	부수 糸	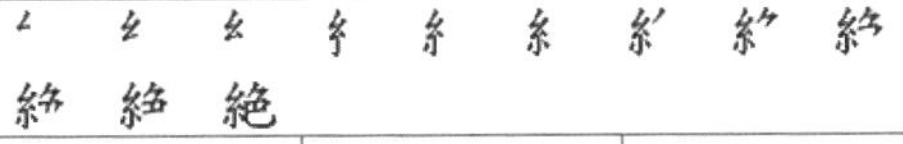		
絶	絶			
끊을 절				

둘째 마당 ④   불치하문 不恥下問

1. 한자 뿌리로 해석하기

不₄	恥₃	下₁	問₂	아랫사람(下)에게 묻는 것 (問)을 부끄러워하지(恥) 아니함(不).
아니 불	부끄러울 치	아래 하	물을 문	

아랫사람에게 묻는 것을 결코 부끄럽게 여기지 않는다는 말이다. 배우는 것을 부끄러워하지 않아야 한다. 그래서 자기보다 지위가 낮거나 어린 사람이라 할지라도 자기가 모르는 것을 알고 있으면 물어서 배워야 한다는 것이다.

2. 유래

이 말은 공자의 『논어』에 나온다.

자공(子貢)이 공자에게 위나라의 대부인 공문자(孔文子)의 시호(諡號)가 어떻게 해서 '문(文)'이 되었는지를 묻자 공자는 다음과 같이 말하였다.

"민첩하면서 배우기를 좋아하고, 아랫사람에게 묻는 것을 부끄럽게 여기지 않았다. 이로써 시호를 문이라 한 것이다(敏而好學 不恥下問 是以謂文也)."

이 이야기에서 불치하문(不恥下問)이란 말이 나왔다.

공문자는 혹시 모르는 것이 있으면 비록 아랫사람에게라도 묻는 것을 부끄럽게 여기지 않았다는 말이다. 이 말은 진실로 배우기를 좋아하는 사람이라면 자신보다 아랫사람에게라도 기꺼이 물어볼 줄 알아야 한다는 것이다. 모르는 것을 묻는 것은 배우는 사람의 기본 태도이다.

공자 자신도 아랫사람에게 묻는 것을 부끄러워하지 않았음은 다음 이야기를 보면 알 수 있다.

　공자천주(孔子穿珠)라는 말이 있는데, 이 말은 공자가 구슬을 꿴다는 말이다. 어느 날 공자가 선물로 받은 구슬의 구멍을 실로 꿸 수가 없었다. 아무리 해도 할 수 없자, 그는 뽕나무 아래에서 뽕잎을 따는 여인에게 그 방법을 물었다. 공자는 그 여인의 말대로 개미 한 마리를 붙잡아 허리에 실을 묶고는 개미를 구슬의 한쪽 구멍으로 밀어 넣고, 반대편 구멍 입구에는 꿀을 발라 놓았다. 개미는 꿀 냄새를 맡고 이쪽 구멍에서 저쪽 구멍으로 빠져나왔다. 이리하여 공자는 그 구슬에 실을 꿸 수 있게 되었다고 한다.

　이에서 보듯 공자 같은 사람도 시골 아낙네에게 모르는 것을 물어보았던 것이다.

3. 한자 뜯어보기

不 아니 불

　이 글자의 어원에 대해서는 의견들이 분분하다. 『설문해자』라는 책에서는 새가 하늘을 날아오르는 모습을 그린 것인데, 올라가서 내려오지 않았기에 '아니다'라는 부정의 뜻이 나왔다고 한다.

※ 불법(不法) : 아닐 불(不) 법 법(法)으로, 법에 어긋남.
　예 정직한 사람은 不法을 저지르지 않는다.
※ 불혹(不惑) : 아닐 불(不) 미혹할 혹(惑)으로, 미혹되지 않음.
　예 흔히 나이 40세를 不惑이라 한다.

恥 부끄러울 치

　귀 이(耳)자와 마음 심(心)이 합해진 글자이다. 마음(心)에 수치심이 들면 귀(耳)가 빨개진다 하여, '부끄러워하다'라는 뜻이 나왔다.

고대 중국에서는 손으로 귀를 가리키면 '수치스런 행동을 하지 말라.'는 신호이며, 귀는 수치심을 상징하는 부위였다고 한다.

※ 치부(恥部) : 부끄러워할 치(恥) 곳 부(部)로, 남에게 보이고 싶지 않는 부끄러운 곳.
  예 사람들은 자신의 恥部를 감추고자 한다. 그러나 恥部를 감춘다 해도 언젠가는 드러나기 마련이다.
※ 치욕(恥辱) : 부끄러울 치(恥) 욕될 욕(辱)으로, 부끄럽고 욕됨.
  예 나는 그날 그 恥辱스런 일을 참기 어려웠다.

下 아래 하

기준점인 가로획(一)을 긋고, 그 아래 점(丶)을 찍어 '아래'에 있음을 나타냈다. 이후 글자 모양이 변해 오늘날처럼 되었다.

※ 하강(下降) : 아래 하(下) 내릴 강(降)으로, 높은 데서 낮은 데로 내려옴.
  예 비행기가 공중에서 下降하고 있다.
※ 하락(下落) : 아래 하(下) 떨어질 락(落)으로, 아래로 떨어짐.
  예 요즘 전반적으로 물가가 下落했다.

問 물을 문

문 문(門)과 입 구(口)가 합해져서, 입(口)으로 묻는 것을 말한다. 이로부터 '묻다, 심문하다, 살피다' 등의 뜻이 나왔다.

※ 질문(質問) : 바탕 질(質) 물을 문(問)으로, 바탕이 되는 주요한 것을 물어봄. 또는 모르거나 의심나는 점을 물어봄.
  예 공부 잘하는 학생은 質問도 많이 한다.
※ 문답(問答) : 물을 문(問) 대답할 답(答)으로, 묻고 대답함.
  예 수업 시간에 선생님과 학생들이 서로 問答을 주고받으며 공부를 하여 실력을 키워 나갔다.

4. 쓰임

* 아랫사람에게 묻는 것을 부끄러워하지 않는 **불치하문(不恥下問)**의 정신이 기성세대에게 꼭 필요하다.

* **불치하문(不恥下問)**이라 했다. 모르면 신입 사원에게라도 물어야 한다. 요즘 젊은이들의 컴퓨터 다루는 솜씨는 매우 훌륭하기 때문이다.

* 지위 고하를 막론하고 자신보다 못한 사람에게라도 배우려는 **불치하문(不恥下問)**의 자세가 필요하다.

* 자신을 낮추고 겸손해야 **불치하문(不恥下問)**할 수 있다. 그래야만 새로운 시대에 잘 적응할 수 있게 된다.

* 누구에게나 세상 사람 모두가 스승이다. **불치하문(不恥下問)**의 자세로 사람들을 대해야 한다.

5. 유의어

삼인행필유아사(三人行必有我師) : 세 사람이 길을 가면 반드시 나의 스승이 있다는 뜻으로, 누구에게라도 자신이 본받고 배울 만한 점이 있다는 말이다.

－『논어(論語)』

6. '바를 정' 자를 표시하며 한자 열 번씩 소리 내어 읽으며 외우기

不	恥	下	問
아니 불	부끄러울 치	아래 하	물을 문
正正	正正	正正	正正

7. 한자 따라 쓰며 익히기

4획	부수 一	一 一 不 不		
不	不			
아니 불				
10획	부수 心	一 一 一 一 一 耳 耳 耶 恥 恥		
恥	恥			
부끄러울 치				
3획	부수 一	一 丁 下		
下	下			
아래 하				
11획	부수 口	丨 冂 冂 冃 門 門 門 門 門 問 問		
問	問			
물을 문				

둘째 마당 ⑤   일취월장 日就月將

1. 한자 뿌리로 해석하기

日1	就2	月3	將4
날 일	나아갈 취	달 월	나아갈 장

날(日)마다 나아가고(就),
달(月)마다 나아감(將).

　나날이 발전하여 앞으로 나아간다는 말이다. 날마다 조금씩 쌓아서 많은 것을 이루는 것 또는 끊임없이 노력하여 꾸준히 발전해 나아가는 것을 가리키는 말이다.

2. 유래

　이 말은 『시경』에 나오는 구절로, 주나라 제2대 성왕이 신하들에게 내린 시에 나타난다.

<blockquote>

나는 변변하지 못한 사람으로,

비록 총명하지도 신중하지도 않지만,

<u>날로 나아가고 달로 나아가(日就月將)</u>,

배워서 광명에 이를 것이니,

각자 맡은 일을 도와,

나에게 밝은 덕행을 보여 주오.

</blockquote>

　이 시는 왕이 스스로 자신의 자질은 부족하지만 부지런히 노력하여 학문의 높은 경지에 이를 것이라고 다짐한다. 상당히 겸손한 임금이다. 그리고 그는 신하들에게 자신이 그런 왕이 될 수 있도록 훌륭한 학문과 행실로 자기를 인도하여 주기를 부탁하는 내용 중에 이 말이 나왔다.

3. 한자 뜯어보기

日 날 일

하늘의 태양을 그렸는데, 그 속에 검은 점이 특이하다. 이는 금까마귀, 즉 삼족오(三足烏)를 표시한 것이라고 한다. 삼족오는 한국 신화에서 다리가 셋 달린 까마귀로 태양에 산다고 한다.

※ 일기(日記) : 날 일(日) 기록할 기(記)로, 날마다 자기가 한 일을 기록한 것.
예 날마다 日記를 쓰면 자기 발전에 도움이 된다.
※ 매일(每日) : 마다 매(每) 날 일(日)로, 날마다, 나날이.
예 나는 每日 규칙적으로 운동을 한다.

就 나아갈 취

서울 경(京)과 특히 우(尤)가 합해진 글자이다. 경(京)은 높은 곳에 지어진 집을 말하고, 그러한 집에는 아무나 올라갈 수 있는 곳이 아니다. 특별히 (尤) 노력하는 사람만이 그곳으로 '나아가다'는 뜻이 있다.

※ 취업(就業) : 나아갈 취(就) 일 업(業)으로, 일할 곳으로 나아감.
예 젊은 사람들은 모두 就業을 원한다.
※ 성취(成就) : 이룰 성(成) 나아갈 취(就)로, 목적한 바를 이룸.
예 그는 부단한 노력 끝에 바라던 소원을 成就했다.

月 달 월

달을 그린 글자이다. 태양과 구분하기 위하여 둥근 보름달이 아니라 초승달을 그리고 그 안에 점을 찍었다. 그 점은 전설상의 옥토끼라고 한다.

※ 명월(明月) : 밝을 명(明) 달 월(月)로, 밝은 달. 특히 음력 8월 보름달.
예 한국 사람들은 청풍(淸風) 明月을 좋아한다.

將 나아갈 장

나뭇조각 장(爿)과 고기 육(月)과 마디 촌(寸)이 합해진 글자이다. 제사에 쓸 고기(月)를 손(寸)으로 들고 탁자(爿) 위로 올리는 모습이다. 여기서 '바치다'는 뜻이 나왔고, 바치려면 앞으로 나가야 하므로 '나아가다, 앞으로' 등의 의미도 나온다.

※ 장차(將次) : 장차 장(將) 차례 차(次)로, 미래의 어느 때.
　　예 너는 커서 將次 무엇을 되고 싶니?
※ 장래(將來) : 장차 장(將) 올 래(來)로, 앞으로 닥쳐올 날.
　　예 너는 將來 희망이 무엇이냐?

4. 쓰임

* 조오련 선수에게 수영을 배우고 나서 김강남 어린이의 수영 실력이 **일취월장(日就月將)**, 놀랍도록 성장하였다.

* **일취월장(日就月將)**할 수 있었던 까닭은 자신의 결점을 찾아내어 개선하고, 성실한 자세로 노력하였기 때문이다.

* 미국 프로 팀에 진출하여 크게 성장할 수 있었던 비결은 영어 실력이 **일취월장(日就月將)**했기 때문이다.

* 기초 체력을 강화한 서울 중학교 축구 선수들은 **일취월장(日就月將)**한 실력을 뽐내며 이번 시즌 우승을 차지하였다.

5. 유의어

일장월취(日將月就) : 일취월장(日就月將)과 글자의 순서만 바뀌어 같은 뜻으로 쓰인다.

일진월보(日進月步) : 날로 달로 끊임없이 진보함.

6. '바를 정' 자를 표시하며 한자 열 번씩 소리 내어 읽으며 외우기

日	就	月	將
날 일	나아갈 취	달 월	나아갈 장
正正	正正	正正	正正

7 한자 따라 쓰며 익히기

4획	부수 日	l 冂 冃 日		
日 날 일	日			
12획	부수 尢	﹑ ﹑ ﹁ 亠 古 高 京 京 京 就 就 就		
就 나아갈 취	就			
4획	부수 月	ﾉ 冂 月 月		
月 달 월	月			
11획	부수 寸	l 丬 丬 爿 爿 扩 扩 扩 扩 將 將		
將 나아갈 장	將			

가족, 그 소중한 이름

세상에 가족보다 더 소중한 것이 있을까?

가족은 기본적으로 부모와 자식으로 구성되어, 머나먼 옛날부터 내려왔고 앞으로도 대를 이어 끊임없이 내려갈 것이다.

먼저 부모는 자식들을 귀하고 귀하게 키운다.　　　- 금지옥엽(金枝玉葉)

아마 금이나 옥보다 더 귀하게 키울 것이다. 부모는 정성을 다하여 자신들이 가진 모든 것을 바쳐서 자식들을 키운다. 왜냐하면 자식들을 사랑하기 때문이다.

그러면 자식들은 어떻게 해야 할까?　　　- 부자자효(父慈子孝)

자식들 역시 부모에게 효도해야 한다. 왜냐하면 부모로부터 많은 사랑을 받았기 때문이다. 받은 만큼 돌려주어야 하지 않을까? 영어식으로 '기브 앤 테이크'다.

이렇게 부모는 자식들을 사랑하고 자식들은 부모에게 효도한다면, 아마 가장 이상적인 가정이 될 것이다.

가정에 가장 기본이 되는 것은 무엇보다 부부 관계이다. 자식은 그 가지이고 꽃일 뿐이다.

그러므로 부부 관계가 튼튼해야 한다.　　　- 조강지처(糟糠之妻)

부부는 일심동체(一心同體)로 좋은 일이나 나쁜 일을 함께 겪는다. 요즘은 달면 삼키고 쓰면 뱉는 풍조도 없지 않다. 그러나 부부가 깨어지면 가정이 동시에 깨어지는 것을 명심하고 즐거우나 괴로우나 죽을 때까지 같이 가야 하는 것이다.

가정에서는 어머니의 역할이 가장 크다.　　　　　- 맹모삼천(孟母三遷)

어머니는 아이를 낳아 젖을 먹여 키우고, 어느 정도 커서 젖을 떼면 회초리를 들고 가르치고 훈육을 시킨다. 사실 어머니는 배 속에서부터 태교(胎敎)를 시킨다. 어머니의 교육열은 눈물겨울 정도다. 왜냐하면 자식을 잘 키워야 자식이 나중에 사회에 나가 인간다운 인간이 되기 때문이다.

끝으로 자식들은 이런 부모님의 은혜에 보답해야 한다.
　　　　　　　　　　　　　　　　　- 반포지효(反哺之孝)

부모님도 사람이라 세월을 이길 수는 없다. 나이가 들면 육체적으로나 정신적으로 약해진다. 이때 젊은 자식들이 부모님이 어렸을 때 자기를 보살펴 준 것과 같이, 자식이 부모를 보살펴 주어야 할 것이다.

GIVE AND TAKE!

1. 한자 뿌리로 해석하기

金	枝2	玉3	葉4	금(金)으로 된 가지(枝)와
황금 금	가지 지	구슬 옥	잎 엽	옥(玉)으로 된 잎(葉).

가지와 잎은 나무줄기에서 뻗어난 것이다. 그러므로 나무줄기가 부모라면, 가지나 잎은 자식들이다. 그러므로 황금 같은 가지와 구슬 같은 잎은 한 집안의 '귀한 자손'을 비유하는 말이다.

2. 도움말

금지옥엽(金枝玉葉)은 황금으로 만든 나뭇가지와 옥으로 된 잎을 말한다. 즉 귀한 자식을 달리 이르는 말이다.

왜 이런 말이 생겼을까? 부모에게 자식은 세상에 가장 귀한 보배이기 때문이다. 그래서 자식들을 옛날에는 가장 귀한 보물인 황금이나 옥으로 비유했을 것이다. 부모는 모든 정성을 다해서 자식들을 키운다. 그리고 있는 모든 것을 다하여 자식들의 뒷바라지를 한다. 사실 부모에게 있어 자식은 그 전부라고 해도 좋을 것이다.

특히 오늘날은 집집마다 자녀들을 더 적게 낳기 때문에 옛날보다 자식 사랑이 더 크다고 할 수 있다. 크다 못해 너무 지나칠 정도이다. 그래서 오늘날은 오히려 과잉보호가 문제가 된다. 과잉보호는 결과론적으로 자식을 죽이는 것과 같다. 왜냐하면 자식들을 무능하게 만들어 세상에 적응을 할 수 없게 만들기 때문이다.

좋은 부모는 자식들이 스스로 독립(獨立)하고 자립(自立)할 수 있도록 키워야 한다. 왜냐하면 자식들이 커서 사회에 나가면, 혼자 스스로 살아갈 수 있는 능력이 가장 중요하기 때문이다. 부모가 아무리 자식을 사랑한들 자식보다 더 오래 살면서 자식들을 보살펴 줄 수는 없을 것이 아닌가.

그러므로 자식을 가장 잘 사랑하는 방법은 자식들을 과잉보호하는 것이 아니라, 자식들이 독립해서 홀로 설 수 있는 능력을 길러 주는 것이 가장 좋다는 것을 잊어서는 안 된다.

3. 한자 뜯어보기

金 금 금

금문에서 청동을 제조하는 거푸집을 그렸는데, 가운데 두 점은 원석으로 보인다. 이 원석이 귀중한 금속, 즉 '쇠'라는 뜻이다. 쇠 중에 가장 주요한 금속은 물론 '금'이다.

※ 금품(金品) : 금 금(金) 물품 품(品)으로, 돈과 물품을 아울러 이르는 말.
  예 귀중한 金品을 거래할 때는 조심하여야 한다.
※ 세금(稅金) : 구실 세(稅) 돈 금(金)으로, 국가나 지방 단체가 무엇을 구실 삼아 징수하는 돈.
  예 국민은 稅金을 납부할 의무가 있다.

枝 가지 지

나무 목(木)변에 가지 지(支)가 붙은 글자로, '나뭇가지'를 말한다.

※ 지엽(枝葉) : 가지 지(枝) 잎 엽(葉)으로, 가지와 잎 즉 중요하지 않은 끄트 머리의 부분.
  예 그는 근본적인 문제가 아니라 늘 枝葉的인 문제에 매달린다.
※ 삽지(插枝) : 꽂을 삽(插) 가지 지(枝)로, 꺾꽂이.
  예 개나리는 插枝를 하여 번식시킬 수 있다.

玉 구슬 옥

구슬을 끈에 매단 모습을 그린 그림 문자이다.

※ 옥체(玉體) : 구슬 옥(玉) 몸 체(體)로, 임금이나 귀한 사람의 몸을 높여 이르는 말.

[예] 아버님! 玉體 만강(萬康)하시옵니까?

※ 옥석(玉石) : 옥돌 옥(玉) 돌 석(石)으로, 옥과 돌. 좋은 것과 나쁜 것.

[예] 그것들 중에 玉石을 가려 보아라.

葉 잎 엽

풀 초(艹)와 나뭇잎 엽(枼)이 합해진 글자로, 풀에 달린 잎(葉)을 말한다.

※ 엽서(葉書) : 잎 엽(葉) 글 서(書)로, 글을 쓸 수 있는 나뭇잎처럼 생긴 작은 종이.

[예] 젊은이들에게 葉書가 인기를 끌고 있다.

※ 낙엽(落葉) : 떨어질 락(落) 잎 엽(葉)으로, 떨어진 잎.

[예] 가을에 落葉을 밟으면 쓸쓸한 느낌이 든다.

4. 쓰임

* 차분한 언행에 우아한 자태는 누가 봐도 그가 금지옥엽(金枝玉葉) 귀하게 자란 것을 알 수 있었다.

* 누구나 자식은 금지옥엽(金枝玉葉)으로 키웠을 것이기에 아무리 어린아이라 할지라도 함부로 대해서는 안 된다.

* 금지옥엽(金枝玉葉)으로 키운 딸이 자라서 시집을 간다고 하니 딸을 떠나보내는 아버지의 마음엔 만감이 교차했다.

* 예순에 덕혜 옹주를 얻은 고종은 금지옥엽(金枝玉葉) 고명딸인 어린 옹주의 손을 잡고 도란도란 이야기를 나누었다.

5. '바를 정' 자를 표시하며 한자 열 번씩 소리 내어 읽으며 외우기

金	枝	玉	葉
황금 금	가지 지	구슬 옥	잎 엽
正正	正正	正正	正正

6. 한자 따라 쓰며 익히기

8획	부수 金	ノ 人 스 仝 全 全 金 金		
金 황금 금	金			
8획	부수 木	一 十 才 木 杧 杧 枝 枝		
枝 가지 지	枝			
5획	부수 玉	一 丁 干 玉 玉		
玉 구슬 옥	玉			
13획	부수 艹	` + 土 艹 苎 苎 苹 葺 葺 莖 華 葉 葉		
葉 잎 엽	葉			

셋째 마당 ② 부자자효 *父慈子孝*

1. 한자 뿌리로 해석하기

*父*₁	*慈*₂	*子*₃	*孝*₄	어버이(父)는 자녀를 사랑하고(慈), 자녀(子)는 어버이에게 효도함(孝).
아버지 부	사랑할 자	아들 자	효도 효	

가정에서 어버이는 자녀들을 자애롭게 사랑하고, 자녀들도 어버이에게 효성스러워야 화목한 가정이 이루어질 수 있다.

2. 유래

부모가 자녀를 사랑하면, 자녀도 부모에게 효도를 한다는 말이다. 이는 본래 『예기』에 나오는 말이다.

여기서 『명심보감』에 나오는 다음 말을 한번 읽어 보기로 한다.

왕량이 말했다.
"그 임금을 알려고 할진댄 먼저 그 신하를 보고,
그 사람을 알려고 할진댄 먼저 그 벗을 보고,
그 아비를 알려고 할진댄 먼저 그 자식을 보라.
임금이 성스러우면 신하가 충성하고,
<u>아비가 사랑하면 자식이 효도하느니라.</u>"

여기에서 인간관계가 모두 상대적임을 지적하고 있다.

그래서 그 임금을 알려고 하면 그 신하를 보면 된다는 것이다. 즉 신하가 임금에게 충성하면 그 임금이 성스러운 임금임을 알 수 있고, 신하가 임금에게 충성하지 않으면 그 임금은 성스럽지 않는 임금임을 알 수 있다는 말이다.

임금이 먼저 성스러워야 신하들이 충성한다는 말이다. 이런 이치는 친구 사이나 아버지와 자식 사이에도 같다는 것이다.

즉 아버지가 먼저 자식들을 사랑하면, 자식들도 아버지의 사랑에 감복하여 아버지에게 저절로 효도한다는 뜻이다. 이런 이치라면 친구 사이에는 어떠해야 할지 각자 한번 생각해 보기로 하자.

3. 한자 뜯어보기

父 아버지 부

어른이 오른손으로 도끼를 들고 있는 모습을 그린 글자이다. 고대에 돌도끼는 기본적인 생산 도구이자 전쟁 도구였다. 또한 권위의 상징이기도 하였다. 이에 도끼를 들고 있는 남자는 '아버지' 혹은 '성인 남성'을 상징한다.

※ 부친(父親) : 아버지 부(父) 친할 친(親)으로, '아버지'를 정중히 이르는 말.
　　예 그의 父親이 돌아가셨다고 한다.
※ 숙부(叔父) : 아재비 숙(叔) 아비 부(父)로, 아버지의 동생.
　　예 우리 叔父님은 시골에 계신다.

慈 사랑할 자

검을 자(玆)와 마음 심(心)이 합해진 글자이다. 검을 자(玆)는 풀이 무성한 상태를 말하는데, 마음(心)을 다해 곡식이 무성하게 잘 자라게 한다는 뜻에서 '사랑하다'는 뜻이 나왔다.

※ 자애(慈愛) : 사랑할 자(慈) 아낄 애(愛)로, 사랑하고 아낌.
　　예 어버이는 먼저 자녀들에게 慈愛롭게 대하여야 한다.
※ 인자(仁慈) : 어질 인(仁) 사랑할 자(慈)로, 마음이 어질고 남을 사랑함.
　　예 그는 늘 仁慈한 미소로 사람을 대한다.

子 아들 자

아이가 두 팔을 흔들고 있는 모습을 그려서, '아들'을 나타냈다.

※ 자식(子息) : 아들 자(子) 숨 쉴 식(息)으로, 자신의 아들과 딸의 총칭.

예 그는 子息이 많은 것을 자랑한다.

※ 골자(骨子) : 뼈 골(骨) 접미사 자(子)로, 뼈처럼 가장 중요한 곳.

예 그 말의 骨子가 뭐냐?

孝 효도 효

늙은이 노(老)의 생략된 글자(耂)와 아들 자(子)가 합해진 글자로, 아들이 노인을 업고 있는 모습에서 '효도'의 뜻이 나왔다.

※ 효자(孝子) : 효도 효(孝) 아들 자(子)로, 효성스러운 아들.

예 그는 소문난 孝子이다.

※ 효녀(孝女) : 효도 효(孝) 딸 녀(女)로, 효성스러운 딸.

예 그녀는 언제나 부모의 말씀을 따르는 孝女이다.

4. 쓰임

* 부모는 자식을 사랑하고, 자식은 부모에게 효도하는 부자자효(父慈子孝)는 이 시대에도 통하는 바람직한 부모와 자식의 모습이다.

* 부자자효(父慈子孝)는 가족 간의 유대가 느슨해진 오늘날 다시 새겨보아야 할 말이다.

* 부자자효(父慈子孝)는 버려야 할 전근대적인 이데올로기가 아니라 오늘날에도 인간의 기본적인 도리로 삼아야 한다.

* 부모와 자식은 부자자효(父慈子孝)로써 서로를 배려하고, 부부는 부화부순(夫和婦順)으로써 서로를 배려해야 한다.

5. '바를 정' 자를 표시하며 한자 열 번씩 소리 내어 읽으며 외우기

父	慈	子	孝
아버지 부	사랑할 자	아들 자	효도 효
正正	正正	正正	正正

6. 한자 따라 쓰며 익히기

4획	부수 父	⺈　八　グ　父		
父	父			
아버지 부				
13획	부수 心	丷　丷　䒑　䒑　丱　姕　姕　兹　兹		
		兹　慈　慈　慈		
慈	慈			
사랑할 자				
3획	부수 子	⺈　了　子		
子	子			
아들 자				
7획	부수 子	一　十　土　耂　耂　孝　孝		
孝	孝			
효도 효				

셋째 마당 ③   조강지처 糟糠之妻

1. 한자 뿌리로 해석하기

糟₁	糠₂	之₃	妻₄	술지게미(糟)와 쌀 겨
지게미 조	겨 강	어조사 지	아내 처	(糠)를 함께 먹은(之) 아 내(妻)

조(糟)는 술을 만들고 남은 쌀 찌꺼기, 강(糠)은 쌀겨로, 조강(糟糠)은 가난해서 먹는 보잘것없는 음식을 가리킨다. 몹시 가난하고 어려울 때, 먹을 것이 없어 술지게미와 쌀겨같이 거친 음식을 함께 먹으며 고생을 같이한 아내를 이르는 말이다.

이런 아내는 처음 혼인한 아내이므로, 첫 부인을 조강지처라고도 한다. 줄여서 조강(糟糠)이라고도 한다.

2. 유래

『후한서』〈송홍전(宋弘傳)〉에 나오는 고사이다.

후한 광무제 때 송홍이라는 사람은 인품이 훌륭하여 주변 사람들에게 존경을 받았다. 당시 광무제의 누나인 호양 공주는 일찍이 과부가 되어 쓸쓸히 지내고 있었다. 어느 날 황제가 우연히 누나와 함께 신하들의 인품에 대해 이야기하다가 그녀가 송홍을 마음속으로 좋게 생각하고 있다는 것을 알게 되었다. 문제는 송홍에게 아내가 있었다.

어느 날 송홍이 공적인 일로 광무제를 만나러 왔다. 광무제는 미리 호양 공주를 병풍 뒤에 숨기고 그에게 넌지시 물었다.

"전해 오는 말에 사람이 지위가 높아지면 친구를 바꾸고, 집이 부유해지면 아내를 바꾸려 한다고 하는데, 이것은 일반적인 생각이 아니겠소?"

하고 말하며, 그의 생각을 알아보고자 하였다. 그러자 송홍이 대답하였다.

"신은 가난하고 어려울 때 사귄 친구를 잊어서는 안 되고, <u>술지게미와 쌀겨를</u>

함께 먹은 아내는 집에서 내쫓아서는 안 된다고 들었습니다(臣聞 貧賤之交不可
忘 糟糠之妻)"
라고 하였다.

자기 아내에 대한 송홍의 마음을 알고 광무제는 호양 공주가 있는 병풍 뒤쪽을
돌아보며 조용히 말했다.

"일이 틀린 것 같습니다."

3. 한자 뜯어보기

糟 지게미 조

쌀 미(米)변에 무리 조(曹)가 합해진 글자이다. 술을 거르고 남은 쌀(米)
무리(曹)로, 술을 빚고 난 '술지게미'를 말한다.

※ 조구(糟丘) : 지게미 조(糟) 언덕 구(丘)로, 지게미로 쌓은 산 또는 언덕처
럼 쌓은 지게미. 흔히 '술에 탐닉함'을 비유한 말이다.
　예 그가 술을 너무 많이 먹어 주변에서 糟丘라고도 부른다.

糠 겨 강

쌀 미(米)변에 편안할 강(康)이 합해진 글자로, 쌀(米)은 의미를 나타내고,
편안할 강(康)은 음을 나타낸다. 이는 '쌀겨'를 말한다.

※ 강미(糠糜) : 겨 강(糠) 묽은 죽 미(糜)로, 겨로 쑨 죽, 즉 겨죽.
　예 옛날에 춘궁기가 되어 먹을 것이 없을 때 사람들은 糠糜로 끼니를 때
웠다.

之 어조사 지

여기서는 무엇 '-의'라는 뜻의 관형격 조사로 쓰였다.

妻 아내 처

손(⼹)으로 비녀(十)를 꽂는 여자(女)의 모습을 그린 글자로, '아내'를 뜻한다.

※ 처가(妻家) : 아내 처(妻) 집 가(家)로, 아내의 집.
　예 자네! 요즘도 妻家에 자주 가는가?
※ 처제(妻弟) : 아내 처(妻) 아우 제(弟)로, 아내의 여동생.
　예 우리 妻弟는 아내를 닮지 않았다.

4. 쓰임

* 김 사장은 어려운 시절을 함께한 **조강지처(糟糠之妻)**에 대한 고마움을 마음속 깊이 새겨 놓았다.

* 노비 출신 이양생은 신분이 상승하여 17년 간 포도대장을 지냈다. 그럼에도 그는 예전과 다름없이 노비 출신 **조강지처(糟糠之妻)**만을 아끼고 사랑하였다고 한다.

* **조강지처(糟糠之妻)**와 토끼 같은 자식을 생각하면 아무리 어려운 일이 있어도 결코 좌절하거나 포기할 수는 없었다.

* **조강지처(糟糠之妻)**가 함께하는데 무슨 걱정이 있겠나?

* 남존여비 사상이 지배하던 조선 시대에도 여자가 아들을 낳지 못한다고 하여 **조강지처(糟糠之妻)**를 버리는 일은 없었다.

5. 유의어

조강부처(糟糠夫妻) : 가난할 때, 술지게미와 겨죽을 같이 먹은 부부. 조강지처(糟糠之妻)와 같은 뜻이다.

빈천지교(貧賤之交) : 가난하고 천할 때에 사귄 친구

6. '바를 정' 자를 표시하며 한자 열 번씩 소리 내어 읽으며 외우기

糟	糠	之	妻
지게미 조	겨 강	어조사 지	아내 처
正正	正正	正正	正正

7. 한자 따라 쓰며 익히기

17획	부수 米			
糟	糟			
지게미 조				
17획	부수 米	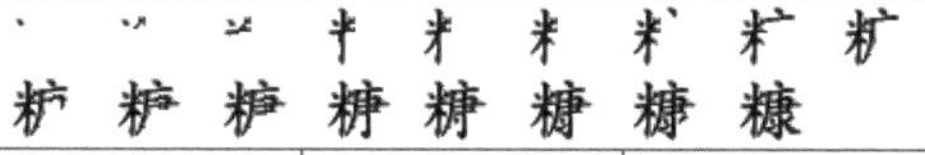		
糠	糠			
겨 강				
4획	부수 丿			
之	之			
어조사 지				
8획	부수 女			
妻	妻			
아내 처				

1. 한자 뿌리로 해석하기

孟1	母2	三3	遷4	맹자(孟)의 어머니(母)가 세 번(三)이나 집을 옮김(遷).
맏이 맹	어머니 모	석 삼	옮길 천	

　맹자의 어머니가 맹자를 제대로 교육시키기 위하여 집을 세 번이나 옮겼다는 사실에서 비롯된 말이다. 이런 어머니 덕분에 맹자는 커서 공자에 버금가는 대학자가 되었다. 여기서 우리는 맹자 어머니의 자녀에 대한 교육열을 짐작할 수 있으며, 또한 교육에는 주위 환경이 중요하다는 가르침을 배울 수 있다.

2. 유래

　옛날 맹자의 어머니가 아들 교육시키기 위해 여러 번 집을 옮긴 이야기에서 이 말이 나왔다.

　처음 그녀는 묘지 근처로 이사를 갔다.

　그때 맹자는 나이가 어렸으므로 보고 듣는 것이 상여(喪輿)와 곡성(哭聲)이라 늘 그 흉내만 내었다. 맹자의 어머니는 이곳을 자식 키울 곳이 아니라고 생각했다.

　이에 맹자의 어머니는 다음으로 시장 근처로 집을 옮겼다.

　그랬더니 맹자가 이번에는 장사치의 흉내를 내며 돌아다녔다. 맹자의 어머니는 이곳도 자식 기를 곳이 아니라고 생각했다.

　이번에는 다시 서당 근처로 이사를 갔다. 그러자 맹자가 서당의 학생들처럼 글 읽는 흉내를 내었다. 맹자의 어머니는 이곳이야말로 자식 기르기에 적합하다고 생각하고, 드디어 거기에 자리를 잡았다고 한다.

3. 한자 뜯어보기

孟 맏이 맹

아들 자(子)와 그릇 명(皿)이 합해진 글자로, '맏아들'의 뜻이다. 부모가 '맏아들'(子)에게 그릇(皿)을 전해 주었기 때문에 이런 뜻이 나왔다.

※ 맹춘(孟春) : 맏이 맹(孟) 봄 춘(春)으로, 가장 이른 봄으로 음력 정월을 달리 일컫는 말.

　예 孟春이라 아직 춥다.

※ 맹자(孟子) : (BC372-BC289) 중국 춘추 전국 시대 추나라 사람이다. 공자의 도를 계승하여 왕도 정치와 인의(仁義)를 주장하였다. 원래 이름은 맹가(孟軻)이나, 스승을 뜻하는 자(子)자를 성씨에다 붙여 맹자라 부른다.

母 어머니 모

손을 모으고 앉은 여인에 유방을 의미하는 두 점이 더해져 '어미'의 이미지를 나타냈다. 여자와 어머니의 차이는 젖에 있기 때문이다. 어머니는 젖으로 아이를 키우며, 아이가 젖을 뗄 무렵이면 회초리로 아이를 가르치고 훈육한다. 이것이 어머니의 주된 임무이다.

※ 모자(母子) : 어미 모(母) 아들 자(子)로, 어머니와 아들.

　예 母子가 함께 다니는 모습이 정답게 보인다.

※ 모녀(母女) : 어미 모(母) 딸 녀(女)로, 어머니와 딸.

　예 저 집 母女는 꼭 자매(姉妹)처럼 보인다.

三 석 삼

세 개의 가로획(三)으로 숫자 3을 나타낸다. 3은 동양에서 '천지인'을 상징하는 좋은 숫자로 생각한다.

※ 삼신(三神) : 석 삼(三) 귀신 신(神)으로, 세 신령. 흔히 삼신할머니로, 아기를 점지하고 산모와 아기를 돌보는 신으로 알려져 있다.

　예 그녀는 아이를 갖게 해달라고 三神 할머니께 빌었다.

遷 옮길 천

쉬엄쉬엄 갈 착(辶)과 오를 선(䙴)이 합해져서, '오르다'에서 뒤에 '옮겨가다, 옮기다, 바꾸다'의 뜻이 나왔다.

※ 천도(遷都) : 옮길 천(遷) 도읍 도(都)로, 도읍을 옮김.
    예 나라를 새로 세우면 대개 遷都를 한다.
※ 변천(變遷) : 변할 변(變) 바뀔 천(遷)으로, 세월이 흘러 바뀜.
    예 국제 관계는 시대에 따라 變遷한다.

4. 쓰임

* 시골에서 가족을 이끌고 올라오신 어머니는 우리들의 교육을 위해 **맹모삼천(孟母三遷)**을 하셨다. 그래서 자리 잡은 곳이 바로 이곳이다.

* 젊은 인재들이 외국으로 진출하고 있는 상황에서 우수한 인력을 얻기 위한 회사의 노력은 '**맹모삼천(孟母三遷)**' 못지않았다.

* **맹모삼천(孟母三遷)**을 위해 학군 좋은 곳으로 이사하는 사람들은 많지만 모두가 자녀 교육에 성공하는 것은 아니다.

* 게임만 하는 아들을 데리고 도서관 옆으로 **맹모삼천(孟母三遷)**하였지만, 아이는 프로게이머가 되고 싶은 꿈을 포기하지 않았다.

* **맹모삼천(孟母三遷)**이란 말이 있듯이, 어린 시절의 교육과 환경은 매우 중요하다.

5. 유의어

맹모삼천지교(孟母三遷之敎) : 맹모삼천(孟母三遷)과 같은 뜻으로 쓰인다.

맹모단기(孟母斷機) : 맹자의 어머니가 짜던 베를 끊었다.

6. '바를 정' 자를 표시하며 한자 열 번씩 소리 내어 읽으며 외우기

孟	母	三	遷
맏이 맹	어머니 모	석 삼	옮길 천
正正	正正	正正	正正

7. 한자 따라 쓰며 익히기

8획	부수 子	マ 了 子 子 呑 舌 孟 孟		
孟	孟			
맏이 맹				
5획	부수 母	ㄴ 乜 뮤 母 母		
母	母			
어머니 모				
3획	부수 一	一 二 三		
三	三			
석 삼				
15획	부수 辶	一 厂 兀 兩 西 西 奧 奧 奧 奧 遷 遷 遷 遷		
遷	遷			
옮길 천				

1. 한자 뿌리로 해석하기

反₂	哺₁	之₃	孝₄	먹이(哺)를 되돌려(反) 주는(之) 효도(孝).
되돌릴 반	먹일 포	어조사 지	효도 효	

자식은 어려서 어버이의 보살핌 속에서 자란다. 그러나 세월이 지나면 자식은 어른이 되지만 부모는 늙는다. 이때 자식은 어렸을 때 자기를 보살펴 준 늙은 부모를 봉양하여 어버이가 길러 주신 은혜에 보답하는 효도를 비유하는 말이다.

2. 유래

옛날 우리 신화에서는 세 발 달린 까마귀인 삼족오(三足烏)가 태양에 살고 있다고 믿었기에, 까마귀를 신성시하였다. 그래서 우리 어릴 때만 하더라도 정월 대보름날이 되면 찰밥을 해서 까마귀밥이라고 하며 나무 위에 올려놓았던 것으로 기억된다.

더구나 까마귀는 사람들이 반드시 본받아야 할 좋은 습성도 가지고 있다고 한다. 즉 까마귀 새끼는 부화한 후 60일 동안은 어미가 물어다 주는 먹이를 먹고 자란다. 그러나 이후 다 자라 큰 새가 되면 먹이 사냥을 제대로 할 수 없는 늙은 어미에게 거꾸로 먹이를 물어다 주어 새끼 때의 은혜를 되갚는다고 한다.

이에 까마귀를 '사랑이 많은 까마귀'라는 뜻으로 자오(慈烏)라고 부르기도 하고, 또는 '어미를 되먹이는 까마귀'라는 뜻으로 반포조(反哺鳥)라 부르기도 한다. 까마귀가 어미에게 먹이를 되먹이는 습성을 반포(反哺)라고 하는데 이는 극진한 효도를 의미한다.

이를 소재로, 조선 시대의 가객(歌客) 박효관이 지은 시조가 한 편 있다.

뉘라서 가마귀를 검고 흉타 하돗던고.
반포보은(反哺報恩)이 그 아니 아름다운가.
사람이 저 새만 못함을 못내 슬허하노라.

여기서 반포보은(反哺報恩)은 반포지효(反哺之孝)와 마찬가지로 어버이
의 은혜에 보답하는 자식의 지극한 효도를 뜻한다.

3. 한자 뜯어보기

反 되돌릴 반

기슭 엄(厂)과 오른손 우(又)가 합해진 글자이다. 이는 손(又)을 거꾸로 뒤
집는(厂) 모습으로, 뒤집으면 원래 모습과는 반대가 되기에 '반대'라는 뜻이
나왔다. 여기서 '되돌리다, 반대하다, 되돌아가다' 등의 뜻이 나왔다.

※ 반성(反省) : 되돌릴 반(反) 살필 성(省)으로, 자신의 언행이나 생각 따위
　　를 돌이켜 살핌.
　　예 그는 자신의 잘못을 깊이 反省했다.
※ 위반(違反) : 어길 위(違) 되돌릴 반(反)으로, 법령이나 명령 등을 어김.
　　예 법을 違反하면 벌을 받는다.

哺 먹일 포

입 구(口)변에 클 보(甫)가 합해진 글자로 '큰 먹이'를 가리킨다. 또는 입
(口) 속에 머금고(甫) 있는 음식물을 뜻하기도 한다. 이에서 '먹다, 먹이다'
등의 뜻이 나왔다.

※ 포유(哺乳) : 먹일 포(哺) 젖 유(乳)로, 젖을 먹임.
　　예 사자는 哺乳 동물이다.

之 어조사 지

여기서는 관형격 조사로 무엇 '-의'라는 뜻으로 쓰였다.

孝 효도 효

늙은이 노(老)의 생략된 글자(耂)와 아들 자(子)가 합쳐진 글자로, 아들이 노인을 업고 있는 모습에서 '효도'의 뜻이 나왔다.

※ 효도(孝道) : 효도 효(孝) 길 도(道)로, 어버이를 잘 섬기는 도리.
　　예 자식은 부모에게 孝道해야 한다.
※ 충효(忠孝) : 충성 충(忠) 효도 효(孝)로, 나라에 대한 충성과 부모에 대한 효도.
　　예 사람에게는 忠孝가 가장 중요하다.

4. 쓰임

* 반포지효(反哺之孝)의 마음으로 마을에서는 어르신들을 위해 감사하는 마음으로 경로잔치를 벌였다.

* 폐륜 범죄가 늘어나고 있는 요즘, 반포지효(反哺之孝)는 마음 깊이 새겨 두어야 할 말이다.

* 장학금으로 학교 공부를 마친 홍순영은 반포지효(反哺之孝)의 마음으로 모교에 거액의 장학금을 기탁했다.

* 자식들에게 반포지효(反哺之孝)를 기대할 수 없는 현실에서는 부모 스스로가 자신의 노후를 준비해야 하며, 그와 함께 노인들을 위한 복지 정책이 뒤따라야 한다.

* 반포지효(反哺之孝)라고 까마귀도 효도하는데 사람으로서 효도해야 함은 당연하지 않겠니?

5. '바를 정' 자를 표시하며 한자 열 번씩 소리 내어 읽으며 외우기

反	哺	之	孝
되돌릴 반	먹일 포	어조사 지	효도 효
正正	正正	正正	正正

6. 한자 따라 쓰며 익히기

4획	부수 又	ㄱ 厂 厅 反		
反	反			
되돌릴 반				
10획	부수 口	ㅣ ㅣ ㅁ ㅁ 吖 呵 呵 哺 哺 哺		
哺	哺			
먹일 포				
4획	부수 之	ㆍ ㄴ ㅋ 之		
之	之			
어조사 지				
7획	부수 子	一 十 土 耂 耂 孝 孝		
孝	孝			
효도 효				

넷째 마당

친구, 가까이할수록 좋은 관계

죽마고우

막역지우

관포지교

교우이신

수어지교

친구!

친구란 말만 들어도 기분이 좋다. 친구란 오랫동안 함께한 벗이다. 그러므로 세상 누구보다 편하고 좋은 것이다. 그러면 어떤 친구가 좋은 친구일까?

먼저 친구란 오래되면 될수록 좋은 친구다.   - 죽마고우(竹馬故友)

마치 오래 숙성된 장이 맛있듯이, 오래된 친구가 좋은 것이다. 서로 아무것도 모르고 함께 장난치고 놀면서 자란 고향 친구가 좋은 법이다. 그래서 오래된 친구에게는 절대 등을 돌리면 안 되는 것이다.

그리고 친구 사이에는 서로 어기는 것이 없어야 한다.
                                                    - 막역지우(莫逆之友)

서로가 속이지 말고, 약속은 반드시 지키고, 배반하지 말고, 서로 어그러지는 일을 하지 않아야 한다. 그래야 스스럼없이 가장 편한 관계가 된다.

서로 어그러지지 않을 때, 친구 간에 영원한 우정이 계속될 수 있는 것이다.
                                                    - 관포지교(管鮑之交)

그래야 서로 영원히 믿고 사랑할 수 있게 된다. 그러면 이 세상 아무것도 부러울 것이 없을 것이다.

무엇보다 친구 사이에는 믿음이 있어야 한다.   - 교우이신(交友以信)

친구뿐 아니라 인간관계에서는 믿음이 기본이다. 믿음이 없으면 아무것도

성립될 수 없다. 서로 믿음을 주고, 서로 믿어야 하는 것이다.

친구가 없이는 세상을 살 수가 없다.　　　　　　　- 수어지교(水魚之交)

고기가 물이 없이 살 수 없듯, 친구가 없이는 세상을 살 수가 없는 친구가 있다면 얼마나 좋을까. 좋은 친구를 만나기 위해서는 우선 내가 좋은 친구가 되어야 한다.

나이가 들수록, 세월이 흐를수록 친구가 좋은 것이다.

좋은 친구를 위하여!

넷째 마당 ①   죽마고우 竹馬故友

1. 한자 뿌리로 해석하기

竹¹	馬²	故³	友⁴	대나무(竹)로 만든 말(馬)을 타고 같이 놀던 옛(故) 친구(友).
대나무 죽	말 마	옛 고	벗 우	

죽마(竹馬)는 대나무로 만든 말로 옛날 어린아들이 타고 놀던 장난감 말이었다. 따라서 어릴 때부터 같은 대나무 말을 타고 놀며 자란 친한 친구를 일컫는다.

2. 유래

중국 진나라 12대 황제인 간문제(簡文帝) 때의 일이다. 그때 환온과 은호라는 두 친구가 있었다. 이들은 죽마고우로 어릴 적부터 친구였다.

환온은 은호보다 먼저 관직에 나가 벌써 장군이 되어 있었다. 그때 불손한 기미를 보이던 촉나라 땅을 정벌하고 돌아온 환온은 세력이 날로 커져서 황제도 마음대로 할 수 없을 정도가 되었다.

이에 황제는 환온을 견제할 목적으로, 그의 친구인 은호(殷浩)를 불러들여 건무 장군(將軍)이라는 관직을 내리고 양주지사에 임명했다. 그는 환온의 어릴 때 친구로서 학문과 재능이 뛰어난 인물이었다.

은호가 벼슬길에 들어온 그날부터 두 사람은 어릴 때와 달리 정적이 되어 서고 미워하고 싸웠다. 서예가로 유명한 왕희지가 이들 사이를 화해시키려고 했으나 은호가 말을 듣지 않았다고 한다.

그 무렵, 오호십육국 중 하나인 후조(後趙)의 왕 석계룡이 죽자 그들 사이에 내분이 일어났다. 진나라에서는 이 기회에 오랑캐들에게 빼앗긴 중원의 땅을 되찾을 좋은 기회라 생각하고 은호(殷浩)를 중원 장군에 임명하여 보냈다. 그러나 은호는 군사를 이끌고 나갔으나 도중에 말에서 떨어지는 바람에 제대로 싸워 보지도 못하고 돌아왔다.

이에 환온은 기다렸다는 듯이 은호를 규탄하는 상소를 올려 그를 변방으로 귀양을 보냈다. 그리고는 사람들에게 이렇게 말했다.

"은호는 나와 '어릴 때 같이 죽마를 타고 놀던 친구'지만, 그는 늘 내가 버린 죽마를 주워서 놀곤 했지. 그러니 그가 지금 내 밑에서 머리를 숙여야 하는 것은 당연한 일이 아닌가."

환온이 그를 끝까지 용서해 주지 않았으므로, 은호는 결국 귀양지에서 죽고 말았다.

－ 출전 : 진서

3. 한자 뜯어보기

竹 대나무 죽

곧게 뻗은 대나무 가지의 양옆으로 잔가지를 그린 그림 문자로, '대나무'를 가리킨다.

※ 죽간(竹簡) : 대나무 죽(竹) 대쪽 간(簡)으로, 종이가 발명되기 전에 글자를 기록하던 대나무 조각. 또는 대나무 조각을 엮어서 만든 책.
예 아주 고대에는 竹簡에다 기록했다.

※ 폭죽(爆竹) : 터질 폭(爆) 대나무 죽(竹)으로, 둥그런 대나무 통에 화약을 다져 넣고 불을 붙여 불꽃과 소리가 나게 하는 물건.
예 축제가 있는 날 밤에는 가끔 爆竹 놀이를 한다.

馬 말 마

갑골문에서는 말의 긴 머리와 갈기와 발과 꼬리를 모두 사실적으로 그려 '말'을 나타낸 그림 문자이다.

※ 승마(乘馬) : 탈 승(乘) 말 마(馬)로, 말을 탐.
예 나는 언젠가는 乘馬를 배울 것이다.

※ 출마(出馬) : 날 출(出) 말 마(馬)로, 선거에 입후자로 나섬.
예 올해 누가 서울 시장에 出馬합니까?

故 옛 고

옛 고(古)와 칠 복(攵)이 합해진 글자이다. 회초리를 쳐가며(攵) 옛 것(古)으로 되돌아가게 한다는 뜻이다. 이로부터 '옛것'의 뜻이 되며, 다시 '억지로'라는 뜻이 나왔다.

※ 고향(故鄕) : 옛 고(故) 시골 향(鄕)으로, 예전에 살던 시골.
　　예 나는 어릴 때 살던 故鄕이 그립다.
※ 고인(故人) : 옛 고(故) 사람 인(人)으로, 죽은 사람.
　　예 삼가 故人의 명복(冥福)을 빕니다.

友 벗 우

오른손(又) 두 개가 같은 방향으로 나란히 놓인 모습이다. 두 손을 맞잡는다는 뜻에서, '벗'이라는 의미가 나왔다.

※ 붕우(朋友) : 벗 붕(朋) 벗 우(友)로, 벗, 친구.
　　예 좋은 朋友 관계란 어떤 것일까?
※ 우정(友情) : 벗 우(友) 정 정(情)으로, 친구 사이의 정이나 사랑.
　　예 그들은 나이를 초월하여 友情을 나누었다.

4. 쓰임

* 오성과 한음은 어릴 적부터 함께 지낸 죽마고우(竹馬故友)였다.

* 휴게소에서 우연히 나란히 앉게 된 사람은 그토록 보고 싶었던 죽마고우(竹馬故友) 진수였다.

* 연말 가요제에서 대상을 받은 죽마고우(竹馬故友)에게 배우 이기남 씨는 환한 얼굴로 꽃다발을 전달했다.

* 얼마 전 고향의 죽마고우(竹馬故友) 모임이 있어 다녀왔는데 친구들 역시 백발이 성성한 노인이 되어 있었다.

5. '바를 정' 자를 표시하며 한자 열 번씩 소리 내어 읽으며 외우기

竹	馬	故	友
대나무 죽	말 마	옛 고	벗 우
正正	正正	正正	正正

6. 한자 따라 쓰며 익히기

6획	부수 竹	ノ ╯ ╭ ╭ ╭ 竹			
竹	竹				
대나무 죽					
10획	부수 馬	l 厂 厂 厂 厍 馬 馬 馬 馬 馬			
馬	馬				
말 마					
9획	부수 攵	一 十 土 古 古 古 故 故			
故	故				
옛 고					
4획	부수 又	一 ナ 方 友			
友	友				
벗 우					

넷째 마당 ②　　**막역지우** 莫逆之友

1. 한자 뿌리로 해석하기

莫 2	逆 1	之 3	友 4
없을 막	거스를 역	어조사 지	벗 우

거슬림(逆)이 없(莫)는(之) 친구(友).

마음이 맞아 서로 거스르는 일이 없는, 생사(生死)를 같이할 수 있는 친한 벗을 말한다. 여기서 거스르는 일이 없다는 것은 거절함이 없고, 약속 등을 어기지 않고, 배반하지 않는 것을 말한다.

2. 유래

『장자(莊子)』에 보면, 다음과 같은 우화 두 가지가 나온다.

어느 날 자사(子祀) · 자여(子輿) · 자려(子犁) · 자래(子來) 네 사람이 모여 이야기를 나누었다.

"누가 능히 없는 것(無)으로써 머리로 삼고, 삶으로써 등뼈로 삼고, 죽음을 뒤꽁무니로 삼을 수 있을까? 또 누가 죽음과 삶, 있음과 없어짐이 하나임을 알 수 있을까? 내 그와 더불어 벗하리라."

네 사람이 서로 돌아보고 웃으며 <u>마음에 아무 거리낌이 없었다. 그래서 벗이 되었다.</u>

또 어느 날 자상호(子桑戸) · 맹자반(孟子反) · 자금장(子琴張) 세 사람이 서로 함께 이야기했다.

"누가 능히 서로 친하지 않으면서 친하고, 서로 위하지 않으면서 위할 수 있을까? 누가 능히 하늘에 올라 안개 위에서 노닐며, 끝이 없는 무극(無極)에 뛰놀아 서로 삶도 잊은 채 죽지 않는 경지에 들어갈 수 있을까?"

세 사람이 서로 마주 보고 웃으며 <u>마음에 거스름이 없는지라 이내 벗이 되었다.</u>

이 이야기에서 보듯이, 원래 막역지우(莫逆之友)란 바깥 사물에 얽매이지 않고 천지의 참된 도리를 깨달은 사람들 간의 교류를 뜻한다. 그러나 오늘날에는 서로 허물없는 친구 사이를 가리키게 되었다.

3. 한자 뜯어보기

莫 없을 막

잡풀 우거질 망(茻)과 해 일(日)이 합해진 글자이다. 해(日)가 풀숲(茻) 사이로 넘어가는 모양에서 '저물다'의 뜻이 나왔다. 뒤에 해가 지면 하던 일도 그만두라 해서, '말다, 없다'의 뜻도 나왔다.

※ 막대(莫大) : 없을 막(莫) 큰 대(大)로, 더 할 수 없이 큼.
　예 그는 이번 일로 莫大한 이익을 얻었다.
※ 막중(莫重) : 없을 막(莫) 무거울 중(重)으로, 일이 더 할 수 없이 무거움.
　예 이번에 그는 莫重한 임무를 맡았다.

逆 거스를 역

쉬엄쉬엄 갈 착(辶)과 거스를 역(屰)이 합해진 글자이다. 원래 오는 사람을 '맞이하다'는 뜻이었는데, 이후 '거슬러서 가다, 거꾸로 가다, 거역하다, 거스르다' 등의 뜻으로 바뀌었다.

※ 역전(逆轉) : 거스를 역(逆) 구를 전(轉), 거꾸로 돌거나 형세가 뒤집혀짐.
　예 경기가 순식간에 逆轉되었다.
※ 역풍(逆風) : 거스를 역(逆) 바람 풍(風)으로, 거슬러서 부는 바람.
　예 이번 항해는 逆風을 맞아 상당히 어려웠다.

之 어조사 지

여기서는 무엇 '-의'라는 뜻의 관형격 조사로 쓰였다.

友 벗 우

오른 손(又) 두 개가 같은 방향으로 나란히 놓인 모습이다. 두 손을 맞잡는다는 뜻에서, 친한 '벗'이라는 의미가 나왔다.

※ 우애(友愛) : 벗 우(友) 사랑 애(愛)로, 벗 사이의 우정 또는 형제 사이의 사랑.

　　예 저 친구들은 友愛가 깊다.

※ 급우(級友) : 등급 급(級) 벗 우(友)로, 같은 학급의 친구.

　　예 같은 級友들과 친하게 지내야 한다.

4. 쓰임

* 오랫동안 대치 관계에 있던 남과 북은 이번 회담을 계기로 **막역지우(莫逆之友)**가 되었다.

* 그들은 수십 년간 끈끈한 우정을 지켜 왔다. 그들은 앞으로도 **막역지우(莫逆之友)**로서 서로 거스르는 일 없이 서로의 우정을 이어 갈 것이다.

* 그들은 비록 뒤늦게 만나 친구가 되었지만 서로 어찌나 잘 통하던지 순식간에 **막역지우(莫逆之友)**가 되었다.

* 관중과 포숙아는 **막역지우(莫逆之友)**로 서로 뜻을 거스르지도 않았으며 말하지 않아도 서로를 이해할 수 있었다.

* 하인츠 홀리거는 윤이상의 열렬한 지지자이자 **막역지우(莫逆之友)**로서 윤이상의 바이올린 협주곡을 유럽 투어에서 연주할 곡으로 선정했다.

5. 유의어

문경지교(刎頸之交) : 서로 죽음을 대신할 수 있을 만큼 막역한 사이.

6. '바를 정' 자를 표시하며 한자 열 번씩 소리 내어 읽으며 외우기

莫	逆	之	友
없을 막	거스를 역	어조사 지	벗 우
正正	正正	正正	正正

7. 한자 따라 쓰며 익히기

11획	부수 艹	丶 十 十 井 芍 苗 苗 莫 莫 莫	
莫	莫		
없을 막			
10획	부수 辶	丶 丷 丷 丷 芔 芔 芔 逆 逆	
逆	逆		
거스를 역			
4획	부수 之	丶 一 亠 之	
之	之		
어조사 지			
4획	부수 又	一 ナ 方 友	
友	友		
벗 우			

넷째 마당 ③   관포지교 管鮑之交

1. 한자 뿌리로 해석하기

管 [1]	鮑 [2]	之 [3]	交 [4]	관(管)중과 포(鮑)숙아의 (之) 사귐(交).
성씨 관	성씨 포	어조사 지	사귈 교	

이 말은 중국 춘추 시대의 관중과 포숙아의 우정과 교분이 아주 돈독하였다는 고사에서 유래한 말이다. 포숙아는 항상 관중을 믿고 늘 도와주었다.

우정이 아주 돈독한 친구 관계로, 형편이나 이해관계에 상관없이 친구를 무조건 위하는 두터운 우정을 일컫는다.

2. 유래

관중(管仲)과 포숙아(鮑叔牙)는 죽마고우로 둘도 없는 친구 사이였다. 어려서부터 포숙아는 관중의 비범한 재능을 알고 있었다. 또한 관중은 그런 포숙아를 믿고 사이좋게 지냈다.

이들은 일찍이 같이 장사도 하고, 같이 벼슬길에도 나갔지만 늘 포숙아가 관중을 믿고 무조건 밀어 주었다. 또한 후일 포숙아는 죽을 위기에 처한 관중을 살려 내기도 했다. 이후 포숙아 덕분에 재상까지 된 관중이 사람들에게 말한 다음 말로 미루어 이들 사이가 어떠했는지 짐작할 수 있을 것이다.

"내가 젊고 가난했을 때 포숙아와 같이 장사를 하면서 이익이 나면, 항상 나는 내 몫을 더 크게 가졌다. 그러나 포숙아는 나를 욕심쟁이라고 말하지 않았다. 내가 그보다 더 가난함을 알고 있었기 때문이다.

내가 여러 번 벼슬길에 나가서 그때마다 쫓겨났으나 포숙아는 나를 무능하다고 말하지 않았다. 내가 아직 운을 만나지 못했음을 알았기 때문이다. 내가 싸움터에 나가 세 번이나 패하여 도망쳤지만 포숙아는 나를 겁쟁이라고 비웃지 않았다. 내게 늙으신 어머니가 계심을 알았기 때문이다.

나를 낳아 준 이는 부모님이지만 나를 알아준 이는 포숙아이다."

3. 한자 뜯어보기

管 피리 관

대나무 죽(竹)과 벼슬 관(官)이 합해진 글자이다. 대나무(竹)로 만든 구멍이 여섯 개인 악기(官), 곧 '피리'를 말한다.

※ 관악기(管樂器) : 피리 관(管) 악기 악(樂) 그릇 기(器)로, 입으로 불어서 피리처럼 대롱 안의 공기를 진동시켜 소리를 내는 악기.
　예 나는 피아노나 바이올린 같은 악기보다는 피리나 플루트 같은 管樂器 연주를 좋아한다.

※ 관장(管掌) : 피리 관(管) 손바닥 장(掌)으로, 손바닥으로 피리를 잡듯이 업무를 맡아 관리함.
　예 그는 아직 입사 초기라 자기 업무를 管掌하고 있지 못하다.

鮑 절인 어물 포

고기 어(魚)와 꾸러미 포(包)가 합해진 글자로, 고기 어(魚)는 뜻을, 꾸러미 포(包)는 소리를 나타낸다. '소금에 절인 물고기'를 말한다.

※ 포어(鮑魚) : 절인 어물 포(鮑) 고기 어(魚)로, 소금에 절인 생선. 자반.
　예 나는 소금에 절인 鮑魚는 별로 좋아하지 않는다.

之 어조사 지

여기서는 무엇 '-의'라는 뜻의 관형격 조사로 쓰였다.

交 사귈 교

 사람이 다리를 엇갈리게 꼬고 서 있는 모습을 그려, 이로부터 '교차하다, 교류하다, 사귀다' 등의 뜻이 나왔다.

※ 교차로(交叉路) : 서로 교(交) 엇갈릴 차(叉) 길 로(路)로, 서로 엇갈리거나 마주치는 길.

 예 길을 걸을 때, 특히 交叉路에서 차를 조심해야 한다.

※ 외교(外交) : 밖 외(外) 사귈 교(交)로, 다른 나라와 정치적, 경제적, 문화적 관계를 맺는 일.

 예 대통령은 나라를 위해 外交를 잘해야 한다.

4. 쓰임

* 매우 다정하고 허물없이 지내는 친구 사이를 **관포지교(管鮑之交)**라 한다. 바로 너희 같은 사이를 말하는 거란다.

* 참된 우정 하면 떠오르는 단어가 **관포지교(管鮑之交)**란다. 너희들에게도 관중과 포숙아처럼 그렇게 돈독한 친구가 있니?

* 서로 열심히 응원하고 격려하는 모습에서 두 팀 간 **관포지교(管鮑之交)**가 부럽지 않을 만큼의 우정을 느낄 수 있었다.

* 학창 시절부터 비슷한 길을 나란히 걸어온 '**관포지교(管鮑之交)**'인 두 사람이 정치판에서는 상대를 이겨야만 하는 적수로 만났다.

* 이번 워크숍에서는 부사장이 직원들에게 '**관포지교(管鮑之交)**'처럼 치열하게 경쟁하면서도 우정을 나눌 것을 주문했다.

5. 유의어

교칠지교(膠漆之交) : 아교와 옻의 사귐이라는 뜻으로, 매우 친밀한 사귐을 이르는 말이다.

6. '바를 정' 자를 표시하며 한자 열 번씩 소리 내어 읽으며 외우기

管	鮑	之	交
피리 관	절인 어물 포	어조사 지	사귈 교
正正	正正	正正	正正

7. 한자 따라 쓰며 익히기

14획	부수 竹	ノ ト ゲ ゲ 竻 竻 竻 竻 筦 竻 竻 筦 管 管		
管 管				
피리 관				
16획	부수 魚	ノ ケ ゲ ゲ 各 鱼 鱼 魚 魚 魚 魚 魟 鮍 鮍 鮑 鮑		
鮑 鮑				
절인 어물 포				
4획	부수 之	` ⺀ ⺈ 之		
之 之				
어조사 지				
6획	부수 ⺀	` �亠 ⺈ 六 㐅 交		
交 交				
사귈 교				

넷째 마당 ④ 교우이신 交友以信

1. 한자 뿌리로 해석하기

交₄	友₁	以₃	信₂	벗(友)을 믿음(信)으로
사귈 교	벗 우	써 이	믿을 신	써(以) 사귐(交).

신라의 화랑도 〈세속오계(世俗五戒)〉의 하나로, 친구를 사귈 때는 서로 믿음으로써 사귀어야 한다는 말이다.

2. 도움말

화랑 귀산(貴山)과 추항(箒項)이 원광 법사를 찾아가 일생을 두고 경계할 금언(金言)을 청하자, 원광이 이 오계를 주었다고 한다.

사군이충(事君以忠) : 임금을 충성으로써 섬긴다.
사친이효(事親以孝) : 어버이를 효도로써 섬긴다.
<u>교우이신(交友以信) : 벗을 믿음으로써 사귄다.</u>
임전무퇴(臨戰無退) : 싸움에 임해서는 물러남이 없다.
살생유택(殺生有擇) : 산 것을 죽일 때는 가림이 있다.

이는 뒤에 화랑도의 신조가 되어 화랑도가 크게 발전하고 삼국 통일의 기초를 이룩하게 하는 데 크게 기여하였다.

여기서 '교우이신(交友以信)'은 유교적인 신의를 말하는 것이 아니다. 사다함(斯多含)의 예에서 보듯이, 유교적 관점에서는 상상할 수도 없는 일종의 신앙적인 차원의 것이다.

화랑이었던 사다함은 가야국을 정벌한 때 큰 공을 세운 인물이다. 그는 그 공으로 밭과 가야인 300명의 포로를 상으로 받았으나, 밭은 병사들에게 나눠 주고 포로들은 모두 풀어 주었다.

특히 그는 어릴 때 무관랑(武官郞)과 벗이 되어 죽음을 같이하기로 맹세하였다. 뒤에 무관랑이 병으로 죽자, 그는 7일 동안 통곡하다가 죽었다. 진짜 친구란 바로 이런 것이다.

3. 한자 뜯어보기

交 사귈 교

사람이 다리를 엇갈리게 꼬고 서 있는 모습을 그려, 이로부터 '교차하다, 교류하다, 사귀다' 등의 뜻이 나왔다.

※ 교대(交代) : 서로 교(交) 바꿀 대(代)로, 차례에 따라 일을 서로 바꿈.
예 이제 交代할 시간이 거의 다 되었다.

※ 교류(交流) : 서로 교(交) 흐를 류(流)로, 문화나 사상 따위가 서로 통하여 흐름.
예 세계화 시대라, 다른 나라와의 문화적 交流가 많다.

友 벗 우

오른손(又) 두 개가 같은 방향으로 나란히 놓인 모습이다. 두 손을 맞잡는다는 뜻에서, '벗'이라는 의미가 나왔다.

※ 우방(友邦) : 벗 우(友) 나라 방(邦)으로, 서로 우호적인 관계를 맺고 있는 나라.
예 미국은 우리의 友邦이다.

以 써 이

여기서는 무엇 '-으로써'라는 뜻의 전치사로 쓰였다.

信 믿을 신

사람 인(亻)변에 말씀 언(言)이 붙은 글자이다. 사람(亻)의 말(言)은 언제나 진실되고 신뢰가 있어야 한다는 의미에서 '믿음'이란 뜻이 나왔다.

※ 신용(信用) : 믿은 신(信) 쓸 용(用)으로, 무엇을 믿고 쓰는 것. 믿음.
 예 그는 信用이 있는 사람이다.
※ 통신(通信) : 통할 통(通) 믿을 신(信)으로, 소식이나 정보를 믿고 주고받는 것.
 예 현대 사회는 通信 기술이 많이 발전했다.

4. 쓰임

* 모름지기 친구를 사귈 때는 **교우이신(交友以信)**, 즉 믿음으로써 사귀어야 한다는 말을 명심하여라.

* 두 나라는 친구와 같은 관계를 맺었다. 그들은 **교우이신(交友以信)**을 새기며 신의와 우정을 기반으로 양국 관계를 다져 나가기로 약속했다.

* 신라 화랑은 **교우이신(交友以信)**의 가르침을 받들어 실천하며 삼국 통일의 기틀을 마련하였다.

* **교우이신(交友以信)**, 친구 사이엔 믿음이 있기에 설명이 필요 없어진다. 설명하기 전에 이미 알아차리게 되기 때문이다.

* 진정한 우정이라고 불리기까지는 수많은 역경을 이겨 내야 한다. 그것을 이겨 내기 위해서는 **교우이신(交友以信)**을 마음에 새기고 서로에 대한 믿음을 바탕으로 모든 어려움을 극복해야 한다.

5. 유의어

붕우유신(朋友有信) : 벗 사이에는 믿음이 있어야 한다. 이는 유학의 실천 덕목인 오륜의 하나이다.

6. '바를 정' 자를 표시하며 한자 열 번씩 소리 내어 읽으며 외우기

交	友	以	信
사귈 교	벗 우	써 이	믿을 신
正正	正正	正正	正正

7. 한자 따라 쓰며 익히기

6획	부수 ㅗ	` ㅗ ㅗ ㅊ ㅊ 交		
交	交			
사귈 교				
4획	부수 又	一 ナ 方 友		
友	友			
벗 우				
5획	부수 人	丿 丷 丷 以 以		
以	以			
써 이				
9획	부수 亻	丿 亻 亻 亼 亻 信 信 信 信		
信	信			
믿을 신				

넷째 마당 ⑤   수어지교 水漁之交

1. 한자 뿌리로 해석하기

水₁	魚₂	之₃	交₄	물(水)과 고기(魚)의(之) 사귐(交).
물 수	고기 어	어조사 지	사귈 교	

고기가 물을 떠나서는 잠시도 살 수 없는 것과 같이 물과 고기처럼 친한 관계를 비유한 말이다. 임금과 신하 사이, 또는 부부 사이의 친밀함을 말한다. 아주 가까운 친구 사이를 일컫기도 한다.

2. 도움말

이 말은 중국 『삼국지』에 나오는 이야기에서 비롯되었다.

유비가 제갈량을 만나 날이 갈수록 친하게 되었다. 이를 지켜본 관우와 장비가 이들의 관계를 시기하여 불평을 늘어놓았다. 이에 유비가 그들을 불러 타일러 말했다.

"나에게 공명이 있다는 것은 고기가 물을 가진 것과 마찬가지이다. 다시는 그런 말을 하지 않도록 하게(孤之有孔明 猶魚之有水也 願諸君勿復言)."

이후 관우와 장비는 다시는 불평하지 않았다고 한다.

3. 한자 뜯어보기

水 물 수

〣﹚ 흘러가는 물을 그린 그림 문자이다. 이에서 '물'이나 물이 모여 만들어진 '강, 호수' 등의 뜻이 나왔다.

※ 수준(水準) : 물 수(水) 평평할 준(準)으로, 수면처럼 평평함. 사물의 가치 나 품질 등의 정도.

㉈ 이 작품은 水準이 높다.

※ 홍수(洪水) : 큰물 홍(洪) 물 수(水)로, 큰 물.

　　예 이번 洪水로 다리가 물에 잠겨 사람들이 마을로 오지도 가지도 못해
　　　서 불편을 겪고 있다.

魚 고기 어

　　　물고기의 모양을 그린 그림 문자로, '고기'를 나타낸다.

　　※ 어선(魚船) : 고기 어(魚) 배 선(船)으로, 고깃배.

　　　예 어부들이 魚船을 타고 가까운 바다에 나가 고기를 잡아 생계
　　를 이어 가고 있다.

※ 활어(活魚) : 살 활(活) 고기 어(魚)로, 살아 있는 물고기.

　　예 사람들이 活魚를 회(膾)로 먹는다.

之 어조사 지

여기서는 무엇 '-의'라는 뜻의 관형격 조사로 쓰였다.

交 사귈 교

　　　사람이 다리를 엇갈리게 꼬고 서 있는 모습을 그려, 이로부터
　　'교차하다, 교류하다, 사귀다' 등의 뜻이 나왔다.

　　※ 교섭(交涉) : 사귈 교(交) 건널 섭(涉)으로, 어떤 일을 이루기 위
　　해 서로 의논하고 절충함.

　　　예 사업가는 다른 사람과 交涉을 잘해야 한다.

※ 사교(社交) : 모일 사(社) 사귈 교(交)로, 여러 사람들이 모임을 만들어서
　사귐. 사회적인 교제.

　　예 사람이 사회에서 성공하기 위해서는 실력을 기르고 다른 사람과 社交
　　　를 잘해야 한다.

4. 쓰임

* 달래와 소망이는 **수어지교(水魚之交)**처럼, 떨어져서는 안 될 만큼 서로에게 필요한 존재였다.

* 최척과 주생은 둘의 우정을 생각해 회사 이름을 **수어지교(水魚之交)**라고 정했다. 둘이 힘을 합칠 때에 더 큰일을 해낼 수 있기 때문이다.

* 이들의 만남은 **수어지교(水魚之交)**라 해도 손색이 없을 정도로 두 사람은 최고의 조합을 이뤄 냈다.

* 창덕궁 후원 주합루로 들어가는 문이 셋 있는데, 그 중 하나가 어수문이다. 왕과 신하의 사이가 떼려야 뗄 수 없는 관계를 뜻하는 **수어지교(水魚之交)**에서 따왔다고 한다.

* 부부 사이는 **수어지교(水魚之交)**처럼 서로에게 꼭 필요한 존재가 되어 가정을 이끌어 나가야 하는 책임이 있다.

5. 유의어

어수지친(魚水之親) : 물고기와 물 사이처럼 친한 사이.

어수지락(魚水之樂) : 물고기가 물에서 즐기듯이, 부부 사이나 남녀가 매우 사랑하는 것을 말한다.

6. '바를 정' 자를 표시하며 한자 열 번씩 소리 내어 읽으며 외우기

水	魚	之	交
물 수	물고기 어	어조사 지	사귈 교
正正	正正	正正	正正

7. 한자 따라 쓰며 익히기

4획	부수 水	亅 기 水 水		
水 물 수	水			
11획	부수 魚	亻 亇 亇 钅 钅 角 角 魚 魚 魚 魚		
魚 물고기 어	魚			
4획	부수 之	丶 亠 ラ 之		
之 어조사 지	之			
6획	부수 亠	丶 亠 广 亣 充 交		
交 사귈 교	交			

다섯째 마당

따라 배우고 싶은 친구들

문일지십

칠보지재

팔방미인

군계일학

인자무적

친구는 좋다. 그러나 친구도 여러 종류다.

재미있는 친구, 친절한 친구, 마음씨가 고운 친구, 재주가 많은 친구 등 좋은 친구들이 많다. 그러나 친구들 중에는 건방진 친구, 무례한 친구, 버릇없는 친구, 성질이 사나운 친구, 손버릇이 나쁜 친구 등 나쁜 친구들도 있다. 우리는 어떤 친구들과 놀아야 할까?

아이돌 가수를 좋아하고 그들을 따라 하다 보면, 어느새 자기도 노래를 잘 부르게 된다. 마찬가지로 부자를 존경하고 그를 따라 하다 보면 부자가 되고, 공부 잘하는 사람을 존중하고 그를 따라 하다 보면 자기도 공부를 잘하게 된다. 이게 세상의 법칙이다. 가수를 미워하면 가수가 되기 힘들 듯, 부자를 멸시하면 부자가 되기 힘들고, 공부 잘하는 사람을 시기하면 공부를 잘하기가 쉽지 않다. 따라서 우리는 세상에 뛰어난 사람들을 알아보고 그들을 존중하고 따라 해야 한다. 그러면 어떤 사람들을 따라 해야 할까?

에디슨이 말했듯이, 천재는 99%의 노력과 1%의 영감으로 만들어진다. 그러므로 우리도 꾸준히 노력하면 훌륭한 친구들처럼 될 수 있다. 이제부터 그런 친구들을 알아보기로 한다.

하나를 들으면 열을 미루어 아는 친구들이 있다.　　- 문일지십(聞一知十)

안회처럼 타고난 천재들도 있다. 우리는 그들을 시기할 것이 아니라, 그들을 존중해야 한다. 하나를 들으면 열 개는 아니지만, 자공처럼 두 개 정도는 알 수 있는 사람이 되도록 노력해야 할 것이다.

특히 문학에 뛰어난 친구도 있다.　　　　　　　　- 칠보지재(七步之才)

일곱 걸음에 시 한 수가 나온다고 한다. 나는 한 천 걸음에 시 한 수를 읊을 수 있도록 꾸준히 노력해 보자.

못하는 것이 없이 다 잘하는 친구도 있다.   - 팔방미인(八方美人)

한 방면에 뛰어난 것도 좋지만 여러 방면에 다 뛰어나면 더 좋을 것이다. 나도 내 방면만이 아니라 내가 모르는 다른 방면에도 조금씩 알도록 노력하다 보면 하나씩 하나씩 잘하는 것이 늘어나 언젠가 나도 팔방미인이 될 수 있을 것이다.

각 분야에서 특별히 뛰어난 친구들도 있다.   - 군계일학(群鷄一鶴)

세상에서 공부만 잘한다고 최고가 아니다. 세상에는 여러 분야가 있다. 그 분야의 일인자가 바로 닭 가운데 한 마리 학인 것이다. 나도 그와 같이 되도록 내 분야에서 열심히 해서 최고 일인자가 되어야 할 것이다.

무엇보다 좋은 친구는 사랑이 많은 친구다.   - 인자무적(仁者無敵)

세상에 가장 강한 사람은 적이 없는 사람이다. 사랑은 모든 사람을 친구로 만들기 때문이다.

특히 이런 좋은 친구들을 만나기 위해서는 어떻게 해야 할까? 방법은 하나다. 나부터 좋은 친구가 되어야 한다. 좋은 친구는 좋은 친구들끼리 어울리기 마련이기 때문이다. 유유상종(類類相從)이다.

나부터 좋은 친구가 되자!

다섯째 마당 ① 문일지십 聞一知十

1. 한자 뿌리로 해석하기

聞2	一1	知4	十3	하나(一)를 들으면(聞) 열 개를(十) 앎(知).
들을 문	한 일	알 지	열 십	

한 가지를 들으면 열 가지를 미루어 안다는 뜻으로, 총명함을 일컫는 말이다.

2. 유래

『논어(論語)』에 나오는 말이다.

하루는 공자가 자공을 불러 안회에 대한 생각을 물었다.

"너는 안회와 더불어 누가 더 나으냐?"

그러자 자공이 대답했다.

"제가 어찌 안회같이 될 수 있기를 바라겠습니까. 안회는 <u>하나를 들으면 열을 알지만</u> 저는 하나를 들으면 둘을 압니다."

공자가 말했다.

"너는 안회와 같지 않다. 나와 너는 다 그만 못하느니라."

'문일지십(聞一知十)'이란 말은 여기서 비롯되었다.

자공과 안회는 나이가 엇비슷하였다. 그러나 자공은 언어에 있어서, 안회는 덕행에 있어서 뛰어났다.

이 두 사람은 경제적으로도 서로 반대였다. 안회는 가난하여 끼니조차 잇기 어려웠고, 자공은 장사 솜씨가 뛰어나 많은 재산을 가지고 있었다.

사실 안회는 영양 부족으로 20대에 벌써 머리가 하얗게 세었다고 한다. 그리하여 불우한 가운데 32세의 젊은 나이에 요절하고 말았다. 천재는 요절한다고 했던가!

공자는 그가 죽자, "하늘이 나를 버리셨구나!" 하고 탄식했다고 한다.

3. 한자 뜯어보기

聞 들을 문

문 문(門)과 귀 이(耳)가 합해진 글자이다. 귀(耳)는 소리를 듣는 문(門)이
란 의미에서 '듣다'라는 뜻이 나왔다.

※ 견문(見聞) : 볼 견(見) 들을 문(聞)으로, 보고 듣는 것으로 깨달은 지식.
　예 여행은 見聞을 넓힐 수 있는 좋은 기회이다.

※ 소문(所聞) : 것 소(所) 들을 문(聞)으로, 귀로 듣는 어떤 것.
　예 요즘 그가 귀국했다는 所聞을 들었다.

一 한 일

갑골문에서 가로획을 하나 그어(一) '하나'의 개념을 나타내었다.

知 알 지

화살 시(矢)와 입 구(口)가 합해진 글자이다. 화살처럼(矢) 상황을 정확히
꿰뚫어 말할(口) 수 있는 모양에서 '알다'는 뜻이 나왔다.

※ 지식(知識) : 알 지(知) 알 식(識)으로, 알고 있는 것.
　예 그는 知識이 많다.

※ 지능(知能) : 알 지(知) 능할 능(能)으로, 알 수 있는 능력 즉 지적인 능력.
　예 知能이 높다고 꼭 공부를 잘하는 것은 아니다.

十 열 십

원래는 일은 가로로 一, 십은 세로로 │로 나타냈다. 뒤에 십(十)으로 모
양이 바뀌어 지금처럼 되었다.

※ 십분(十分) : 열 십(十) 나눌 분(分)으로, 충분히 또는 넉넉히.
　예 나는 너의 마음을 十分 이해한다.

※ 십년(十年) : 열 십(十) 해 년(年)으로, 10년.
　예 그와 헤어진 지 벌써 十年이 되었네.

4. 쓰임

* 문일지십(聞一知十)이라고, 하나를 들으면 열을 아는 아이들은 영특하기가 어른 뺨칠 정도다.

* 다섯 살 어린 나이에 천자문을 뗀 소년은 문일지십(聞一知十)의 천재라고 소문이 파다했다.

* 그는 어릴 적부터 재주가 뛰어나 하나를 알려 주면 열을 익히 헤아려 아는 문일지십(聞一知十)의 수재였다.

* 문일지십(聞一知十)하는 아이를 가르친다는 것은 매우 기쁜 일입니다. 나날이 실력이 자라나는 것을 지켜보는 재미가 있습니다.

* 배운 것을 잘 활용하는 사람을 보면 '문일지십(聞一知十)'이 무슨 뜻인지 알게 된다.

5. 반의어

득일망십(得一忘十) : 하나를 들으나 열 개를 잊어버림.

6. '바를 정' 자를 표시하며 한자 열 번씩 소리 내어 읽으며 외우기

聞	一	知	十
들을 문	한 일	알 지	열 십
正正	正正	正正	正正

7. 한자 따라 쓰며 익히기

14획	부수 耳	⎸ ⎸ ⎸ ⎸ ⎸ 門 門 門 門 門 門 門 聞 聞		
聞 들을 문	聞			
1획	부수 一	一		
一 한 일	一			
8획	부수 矢	⎸ ⎸ ⎸ 乍 矢 知 知 知		
知 알 지	知			
2획	부수 十	一 十		
十 열 십	十			

다섯째 마당 ②　　칠보지재 七步之才

1. 한자 뿌리로 해석하기

七[1]	步[2]	之[3]	才[4]	일곱(七) 걸음(步) 안에(之) 시를 짓는 재주(才).
일곱 칠	걸음 보	어조사 지	재주 재	

　일곱 걸음을 옮기는 사이에 시를 지을 수 있는 재주라는 뜻으로, 아주 뛰어난 글재주를 이르는 말이다.

2. 유래

　중국 삼국 시대 위나라 문제 조비는 동생 조식에게 일곱 걸음을 걷는 사이에 시 한 수를 지으라고 명령했다. 그사이에 시를 완성하지 못하면 칙명을 어긴 죄로 중벌에 처하겠다고 했다. 그는 자기보다 아버지인 조조의 사랑을 더 많이 받았던 동생을 시기하고 미워했기 때문이다. 그러나 동생 조식은 당대의 대가들로부터 칭송을 받을 만큼 시 짓는 재주가 뛰어났다.

　조식은 일곱 걸음을 다 떼기도 전에 시를 완성했다. 이 시는 같은 형제가 서로 싸우는 것이 얼마나 잘못된 일인지를 암시하는 내용이었다.

> 콩대를 태워서 콩을 삶으니,
> 가마솥 안에 있는 콩이 우는구나,
> 본디 같은 뿌리에서 나왔건만,
> 어찌하여 이리 급하게도 삶아 대는가.

　이 시에서 형은 콩대에, 자신은 콩에 비유하여 형제간의 불화를 상징적으로 노래하였다. 즉 부모가 같은 친형제간인데 어찌하여 이렇게 자기를 들볶는 것이냐는 뜻을 넌지시 노래한 것이었다.

이 시가 바로 그 유명한 '칠보시(七步詩)'이다. 문제는 이 시를 듣고 민망하여 얼굴을 붉히며 부끄러워했다고 한다.   – 출전 : 『세설신어(世說新語)』

3. 한자 뜯어보기

七 일곱 칠

十

어떤 물건에 칼집을 낸 모양으로, '칠(七)'을 나타냈다. 그러나 이 글자가 열 십(十)자와 비슷해서 후대에 오면서 끝부분을 접어서 지금의 모양이 되었다.

※ 칠순(七旬) : 일곱 칠(七) 열흘 순(旬)으로, 일흔 살.
　예 지난해 우리 할아버지의 七旬 잔치를 했다.
※ 칠석(七夕) : 일곱 칠(七) 저녁 석(夕)으로, 음력 7월 7일의 밤. (이날 밤 은하의 서쪽에 있는 직녀와 동쪽에 있는 견우가 오작교에서 일 년에 한 번 만난다는 전설이 있다.)
　예 七夕날 저녁에 밤하늘을 보며 견우와 직녀를 생각했다.

步 걸음 보

사람의 두 발 모양을 그려 '걸음'을 나타냈다.

　※ 보병(步兵) : 걸음 보(步) 군사 병(兵)으로, 걸어 다니면서 싸우는 병사.
　예 나는 군대에서 步兵으로 근무했다.
※ 도보(徒步) : 걸을 도(徒) 걸음 보(步)로, 걸어서 감.
　예 나는 徒步 여행을 좋아한다.

之 어조사 지

여기서는 무엇 '-의'라는 뜻의 관형격 조사로 사용되었다.

才 재주 재

갑골문에 가로획(一)과 싹 날 철(屮)로 구성되어 있다. 싹(屮)이 땅(一)을 비집고 올라오는 놀라운 모습에서 '재주'라는 뜻이 나왔다.

※ 재능(才能) : 재주 재(才) 능할 능(能)으로, 재주와 능력.
　　㈋ 그녀는 다방면에 才能이 있다.
※ 영재(永才) : 뛰어날 영(英) 재주 재(才)로, 뛰어난 재주 또는 그러한 사람.
　　㈋ 그 학교에는 英才들이 많다고 한다.

4. 쓰임

* 김시습은 **칠보지재(七步之才)**로 어릴 적부터 신동으로 불렸다.

* **칠보지재(七步之才)**의 재능을 가진 그는 열다섯에 문단에 등단하여 신인 작가로서 주목을 받았다.

* 괴테는 8세에 시를 짓기 시작해서 13세에 시집을 낸 **칠보지재(七步之才)**로 후에 독일 문학의 거장이 되었다.

* 문학 천재로 평가받은 김장미는 **칠보지재(七步之才)**의 재능을 유감없이 발휘하여 각종 문학상을 휩쓸었다.

* 많은 사람들이 창작은 **칠보지재(七步之才)**의 재능이 있어야 한다 생각하지만, 창작은 경험과 오랜 사색 속에서 탄생하는 것이다.

5. 유의어

칠보성시(七步成詩) : 일곱 걸음 안에 시를 완성하다. 즉 시 짓는 재능이 빠르고 뛰어남을 형용하는 것으로, 칠보지재(七步之才)와 같은 말이다.

칠보재화(七步才華) : 일곱 걸음에 시를 짓는 빛나는 재주로, 칠보지재(七步之才)와 같은 뜻이다.

6. '바를 정' 자를 표시하며 한자 열 번씩 소리 내어 읽으며 외우기

七	步	之	才
일곱 칠	걸음 보	어조사 지	재주 재
正正	正正	正正	正正

7. 한자 따라 쓰며 익히기

2획	부수 一	一 七		
七	七			
일곱 칠				
7획	부수 止	丨 卜 止 止 步 步 步		
步	步			
걸음 보				
4획	부수 丿	丶 ㇀ ㇇ 之		
之	之			
어조사 지				
3획	부수 扌	一 十 才		
才	才			
재주 재				

다섯째 마당 ③   팔방미인 八方美人

1. 한자 뿌리로 해석하기

八₁	方₂	美₃	人₄	모든(八) 면(方)에서 아름
여덟 팔	모 방	아름다울 미	사람 인	다운(美) 사람(人).

팔방은 동, 서, 남, 북, 동북, 동남, 서북, 서남 즉 모든 방향을 말한다. 그리고 미인은 외모만 아름다운 사람이 아니라 재주도 뛰어난 사람을 말한다. 따라서 팔방미인은 곧 여러 방면에서 두루 뛰어난 사람을 말한다.

2. 도움말

팔방미인(八方美人)은 여러모로 뛰어난 사람을 말한다. 여기서 팔(八)은 백이나 천 등과 같이 단순히 팔을 가리키는 것이 아니라 여러 가지, 모든 분야 등을 뜻하는 글자이다. 또한 미인은 여자만을 말하는 것이 아니라 일반적인 사람을 가리키고, 아름다움은 꼭 외모만이 아니라 재주를 말하기도 한다. 그래서 팔방미인은 여러 방면에서 뛰어난 다재다능한 사람을 가리킨다.

현대 사회는 복잡다단한 사회이므로 전문 분야가 대단히 많다고 할 수 있다. 그러므로 모든 방면에 다 능통할 수는 없겠지만, 가능하다면 여러 방면에 능통할 수 있다면 좋을 것이다.

그러나 빛이 있으면 그림자가 있듯이, 팔방미인은 나쁜 의미로도 쓰인다. 즉 자기의 뚜렷한 주관이 없이 누구에게나 두루 잘 보이기 위해 처세하는 사람을 나쁘게 표현할 때도 쓴다. 또한 전문 분야도 없이 아무 일에나 조금씩 손을 대는 사람을 낮추어 말하기도 한다. 그러나 많은 분야에 손을 대더라도 자기의 전공 분야만큼은 제1인자가 되어야 할 것이다.

3. 한자 뜯어보기

八 여덟 팔

갑골문에서 어떤 물체가 두 쪽으로 대칭되게 나누어진 모습인데, 오늘날 '여덟'이란 숫자로 쓰인다. 팔(八)은 8을 뜻하기보다는 모든 분야를 뜻한다.

※ 팔자(八字) : 여덟 팔(八) 글자 자(字)로, 여덟 글자. 사람의 평생 운수.(태어난 연월일시가 사주이고, 이를 천간과 지지로 나타내면 팔자가 되는데, 이 속에 일생의 운명이 정해져 있다고 본다.)
　예 그는 사주 八字가 좋다고 한다.

※ 팔보채(八寶菜) : 여덟 팔(八) 보배 보(寶) 나물 채(菜)로, 온갖 귀한 채소로 만든 요리이다.
　예 나는 중화요리 중에서 특히 八寶菜를 좋아한다.

方 모 방

갑골문에 쟁기 모양의 그림인데, 여기에서 땅과 관계되는 뜻이 나왔다. 땅은 사방으로 모가 났기에 '모'라는 뜻이 나오고, '모서리, 사방' 등의 뜻도 나왔다.

※ 방금(方今) : 바로 방(方) 이제 금(今)으로, 바로 지금.
　예 그는 方今 도착했다.

※ 방향(方向) : 모 방(方) 향할 향(向)로, 어떤 방위를 향한 쪽.
　예 우리가 가고자 하는 方向이 어느 쪽이냐?

美 아름다울 미

양 양(羊)과 큰 대(大)가 합해진 글자이다. 양(羊)이 크면(大) '아름답다, 훌륭하다, 선하다'고 보아, 이런 뜻이 나왔다.

※ 미인(美人) : 아름다울 미(美) 사람 인(人)으로, 외모가 아름다운 사람.

예 그녀는 보기 드문 美人이다.

※ 미술(美術) : 아름다울 미(美) 꾀 술(術)로, 일정한 공간 속에 아름다움을
표현하는 예술.

예 나는 美術에 소질이 있는 것 같다.

人 사람 인

남자 어른의 옆모습을 그린 글자로, '남자, 사람'의 뜻이 된다.

※ 소인(小人) : 작을 소(小) 사람 인(人)으로, 나이 어린 사람.

예 극장이나 목욕탕에서 小人은 요금이 할인된다.

※ 인가(人家) : 사람 인(人) 집 가(家)로, 사람이 사는 집.

예 여긴 깊은 산속이라 人家가 잘 보이지 않는다.

4. 쓰임

* 다방면에서 뛰어난 재주를 가진 내 친구는 그에 걸맞게 **팔방미인(八方美人)**이란 별명을 갖고 있다.

* 그곳은 **팔방미인(八方美人)**의 매력을 다 갖춘 여행지였다. 볼거리, 먹거리, 해수욕장이 딸린 숙소까지 모두가 훌륭했다.

* 소금은 **팔방미인(八方美人)**으로 불릴 만큼, 우리 몸에 필요한 영양소도 공급하지만 음식의 풍미를 좋게 하여 식생활에 꼭 필요한 양념이다.

* 공부 잘하는 숙영이는 노래면 노래, 춤이면 춤, 어느 것 하나 빠지지 않는 **팔방미인(八方美人)**으로 친구들의 부러움을 사고 있다.

5. 반의어

팔면부지(八面不知) : 어느 방면도 잘 알지 못함.

6. '바를 정' 자를 표시하며 한자 열 번씩 소리 내어 읽으며 외우기

八	方	美	人
여덟 팔	모 방	아름다울 미	사람 인
正正	正正	正正	正正

7. 한자 따라 쓰며 익히기

2획	부수 八	丿 八		
八	八			
여덟 팔				
4획	부수 方	丶 亠 亍 方		
方	方			
모 방				
9획	부수 羊	丶 丷 丷 丷 丷 羊 羊 美 美		
美	美			
아름다울 미				
2획	부수 人	丿 人		
人	人			
사람 인				

다섯째 마당 ④　　군계일학 群鷄一鶴

1. 한자 뿌리로 해석하기

群₁	鷄₂	一₃	鶴₄	많은(群) 닭(鷄) 가운데 한 마리(一)의 학(鶴).
무리 군	닭 계	한 일	학 학	

　　많은 무리의 닭 속에 끼어 있는 한 마리 학처럼, 많은 '평범한 사람들 가운데 유난히 뛰어나게 돋보이는 한 사람'을 일컫는 말이다.

2. 도움말

　　중국 위진 시대에 죽림칠현이라 불리는 일곱 명의 선비가 있었다. 이들은 지금의 하남성에 있는 죽림이라는 곳에 자주 모여 노자, 장자의 허무사상을 바탕으로 한 이야기를 하며 시를 읊고 노래를 즐기며 세월을 보냈다. 죽림칠현을 이끌었던 '혜강'은 특히 문학에 재능이 뛰어났다. 그는 다른 사람들과 달리 끝까지 세상에 나오기를 거부하다가 미움을 사서 죽임을 당했다. 당시 그에게는 열 살 난 아들 혜소가 있었다.

　　훗날, 죽림칠현 한 사람으로 이부에서 벼슬하던 산도가 진나라 무제에게 그를 추천했다.

　　"폐하! 『서경』의 〈강고편〉에 보면, '아비의 죄는 아들에게 미치지 않으며, 아들의 죄도 그 아비에게 미치지 않는다'고 했습니다. 그러므로 비록 아비 혜강이 처형당했지만 그 일은 아들 혜소와는 아무 상관이 없습니다. 혜소는 그 슬기나 재능이 뛰어납니다. 부디 그에게 비서랑(祕書郞)의 벼슬을 주셨으면 합니다."

　　무제가 흔쾌히 대답했다.

　　"경이 천거하는 사람이라면 승(丞)에 등용해도 능히 그 일을 감당할 것이오. 더 높은 벼슬에 앉혀야겠소."

이리하여 혜소는 비서랑보다 한 계급 위인 비서승(祕書丞)에 임명되었다.

혜소가 무제에게 불려 나가던 날, 그를 지켜보던 어떤 사람이 자못 감격하여 죽림칠현의 한 사람인 왕융에게 말했다.

"어제 구름처럼 많은 사람 틈에 끼어서 입궐하는 혜소를 처음 보았습니다만, 그 의젓하고 늠름한 모습은 마치 <u>닭들의 무리 속에 우뚝 선 한 마리의 학</u>과 같았습니다."

그러자 그의 아버지 혜강을 잘 알던 왕융이 미소를 지으며 말했다.

"자네는 혜소의 아버지 혜강을 본 적 없지? 그는 혜소보다 훨씬 더 늠름했다네."

3. 한자 뜯어보기

群 무리 군

소리를 나타내는 임금 군(君)과 뜻을 나타내는 양 양(羊)이 합해진 글자이다. 무리 지어 생활하는 양(羊)으로부터 '무리, 집단, 단체' 등의 뜻이 나왔다.

※ 군중(群衆) : 무리 군(群) 무리 중(衆)으로, 많은 사람.
  예 오늘 시청 앞에 시위하는 群衆들이 많았다.
※ 적군(敵群) : 원수 적(敵) 무리 군(群)으로, 적의 무리.
  예 敵群보다 아군이 많았다.

鷄 닭 계

어찌 해(奚)와 새 조(鳥)가 합해진 글자로, 새의 일종인 '닭'을 말한다.

※ 계란(鷄卵) : 닭 계(鷄) 알 란(卵)으로, 달걀.
  예 나는 매일 아침 鷄卵을 먹는다.
※ 양계장(養鷄場) : 기를 양(養) 닭 계(鷄) 마당 장(場)으로, 닭을 먹여 기르는 곳.
  예 養鷄場에서 계란을 생산한다.

一 한 일

갑골문에서 가로획을 하나 그어(一) '하나'라는 개념을 나타내었다.

※ 일방통행(一方通行) : 한 일(一) 모 방(方) 통할 통(通) 갈 행(行)으로, 사람
   이나 차량이 어느 한쪽 방향으로만 가게 하는 일.
   예 시내에는 교통의 편의상 一方通行하는 길이 많다.

鶴 학 학

휠 확(隺)과 새 조(鳥)자가 합해진 글자이다. 흰(隺) 새(鳥)로, 곧 '학'을
말한다.

※ 백학(白鶴) : 흰 백(白) 학 학(鶴)으로, 하얀색의 학. 곧 두루미.
   예 시골에 가면 白鶴을 볼 수 있다.
※ 학수고대(鶴首苦待) : 두루미 학(鶴) 머리 수(首) 괴로울 고(苦) 기다릴 대
   (待)로, 학처럼 머리를 쭉 빼고 애태우며 기다림. 몹시 기다림.
   예 그는 아버지가 귀국하기를 鶴首苦待하고 있다.

4. 쓰임

* 김정연 선수는 이번 대회에 참가한 선수 중에서 실력이 가장 뛰어난 선
  수로 단연 **군계일학(群鷄一鶴)**이었다.

* 그는 **군계일학(群鷄一鶴)**처럼 가장 눈에 띄었다. 연설 내용도 훌륭했지
  만 차분하면서도 힘 있는 목소리가 그를 더욱 돋보이게 하였다.

* 주변 국가들이 치솟는 인건비로 성장세가 둔화한 가운데 우리나라는 **군
  계일학(群鷄一鶴)**처럼 높은 성장세를 유지했다.

* **군계일학(群鷄一鶴)** 김도현은 멀티 골을 기록하며 최고 평점을 받아 그
  이름이 무색하지 않았쭈.

5. '바를 정' 자를 표시하며 한자 열 번씩 소리 내어 읽으며 외우기

群	鷄	一	鶴
무리 군	닭 계	한 일	학 학
正正	正正	正正	正正

6. 한자 따라 쓰며 익히기

13획	부수 羊	ㄱ ㄱ ㅋ 尹 尹 君 君 君 君' 君 群 群 群								
群 群										
무리 군										
21획	부수 鳥	' ' ' 多 多 至 奚 奚 奚' 奚| 奚| 奚| 奚| 鷄 鷄 鷄 鷄 鷄								
鷄 鷄										
닭 계										
1획	부수 一	一								
一 一										
한 일										
21획	부수 鳥	' 一 宀 宀 宀 宀 宀 宀 宀 雀 雀' 雈| 雈| 雈| 雈| 雈| 鶴 鶴 鶴 鶴 鶴								
鶴 鶴										
학 학										

1. 한자 뿌리로 해석하기

仁 1	者 2	無 4	敵 3	어진(仁) 사람(人)에게는 적(敵)이 없음(無).
어질 인	사람 자	없을 무	원수 적	

　　모든 사람에게 어질게 대하는 사람에게는 적이 없다는 뜻이다. 즉 어진 사람에게는 대적할 자가 없음을 말한다. 이는 인(仁)보다 강한 무기는 없다는 뜻이기도 하다.

2. 도움말

『맹자』에 맹자와 양나라 혜왕 사이의 대화 중에 이 말이 나온다.

　　양나라 혜왕이 맹자에게 물었다.

　　"예전에 천하를 호령하던 우리나라(양나라는 진晉나라에서 나왔다)가 지금에 와서는 주위 나라들에게 땅을 빼앗기고 백성들이 살육당하는 수모를 겪었습니다. 과인은 이것을 부끄럽게 생각하여 죽은 백성들을 위하여 원수를 갚고자 하려는데 좋은 방법이 없겠습니까?"

　　이에 맹자가 말했다.

　　"만일 대왕께서 어진 정치를 베풀어서 형벌을 신중하게 하시고 세금을 줄이시면, 백성들은 농사를 잘 지어 부모 형제들이 배불리 먹을 것입니다. 그리고 백성들에게 효성과 우애와 충성과 신용을 가르치면, 그들은 부형과 윗사람과 임금님을 잘 섬길 것입니다. 그렇게 하면 진(秦)나라나 초(楚)나라의 강한 병사들이 우리나라로 쳐들어온다 할지라도 백성들이 몽둥이를 들고서라도 맞서 싸울 것입니다.

그런데 적들이 전쟁을 일으켜 자기 백성들의 농사철을 빼앗아 농사를 못 짓게 하면, 그들의 부모가 추위에 떨고 굶주리며, 형제와 처자가 뿔뿔이 흩어질 것입니다. 적들이 이렇게 자기 백성들을 곤경에 빠뜨릴 때, 왕께서 가셔서 저들을 바로잡으신다면 도대체 누가 대왕에게 대적하겠습니까? 그러므로 예전에 말하기를 '어진 사람에게는 적이 없다'고 했습니다. 왕께서는 제 말을 의심하지 마십시오."

3. 한자 뜯어보기

仁 어질 인

사람 인(亻) 변에 두 이(二)가 붙어서, 사람과 사람이 서로 양보하며 친하게 지내야 한다는 의미에서 '어질다'의 뜻이 나왔다.

※ 인술(仁術) : 어질 인(仁) 꾀 술(術)로, 어진 덕을 베푸는 기술로 의술(醫術)을 일컫는다.
　예 의사들은 仁術을 베풀어 많은 사람들을 살린다.
※ 흥인지문(興仁之門) : 일 흥(興) 어질 인(仁) 갈 지(之) 문 문(門)로, 동대문의 옛 이름.
　예 그들은 興仁之門 앞에서 만나기로 했다.

者 사람 자

 원래 솥(曰)에다 콩(叔)을 삶는 모습이 그림으로, '삶다'가 원뜻이었다. 뒤에 '-하는 사람, -하는 것'으로 뜻이 바뀌어 지금처럼 쓰이고 있다.

※ 기자(記者) : 기록할 기(記) 사람 자(者)로, 신문, 방송, 잡지 등에 실을 기사를 취재하여 쓰거나 편집하는 사람.
　예 나는 앞으로 신문 記者가 되려고 한다.
※ 환자(患者) : 병 환(患) 사람 자(者)로, 병을 앓는 사람.
　예 그 병원에는 늘 患者들이 많이 있다.

無 없을 무

 원래 갑골문에서 두 손에 깃털을 들고 춤추는 모양을 그린 글자이다. 춤을 출 때는 지위, 신분이나 남녀노소의 구분이 없다는 데서 '없다'라는 뜻이 나왔다고 본다.

※ 무례(無禮) : 없을 무(無) 예절 례(禮)로, 예절이 없음.
　예 그 사람은 無禮하기 짝이 없다.
※ 전무(全無) : 완전히 전(全) 없을 무(無)로, 완전히 없음.
　예 그는 회개할 가능성이 全無하다.

敵 원수 적

밑둥 적(啇)과 칠 복(攵)이 합해진 글자이다. 끝까지 밑둥(啇)조차 쳐서(攵) 없애야 한다는 의미에서 '적'이라는 뜻이 나왔다.

※ 천적(天敵) : 하늘 천(天) 원수 적(敵)으로, 하늘이 만들어 준 적.
　예 개구리와 뱀, 쥐와 고양이는 天敵 관계이다.
※ 공적(公敵) : 여럿 공(公) 원수 적(敵)으로, 국가나 사회 또는 공공의 적.
　예 마약은 세계의 公敵이다.

4. 쓰임

* 김찬희 의원은 **인자무적(仁者無敵)**이라 할 만큼 매우 정의롭고 다정한 사람이었다. 그는 내년에 있을 선거에서도 당선될 것이다.

* **인자무적(仁者無敵)**이라 했다. 남을 미워하면 적이 생긴다. 미워하는 마음을 갖지 않는다면 적 또한 생기지 않을 것이다.

* 맹자는 임금에게 인과 의를 바탕으로 한 왕도 정치를 건의하면서 **인자무적(仁者無敵)**의 자세도 당부했다.

* 고인은 '**인자무적(仁者無敵)**'을 좌우명 삼아 한평생 어질게 살다 갔다.

5. '바를 정' 자를 표시하며 한자 열 번씩 소리 내어 읽으며 외우기

仁	者	無	敵
어질 인	사람 자	없을 무	원수 적
正 正	正 正	正 正	正 正

6. 한자 따라 쓰며 익히기

4획	부수 亻	ノ イ 仁 仁	
仁	仁		
어질 인			
9획	부수 耂	一 十 土 耂 耂 者 者 者	
者	者		
사람 자			
12획	부수 灬	ノ ト 二 仁 仁 無 無 無 無 無 無	
無	無		
없을 무			
15획	부수 攵	、 一 二 广 广 冇 冇 冇 冇 商 商 商 敵 敵 敵	
敵	敵		
원수 적			

여섯째 마당

처지가 딱하게 되었네요.

세상은 낮이 있고 밤이 있듯이, 좋은 일이 있으면 나쁜 일도 있기 마련이다. 그런 나쁜 일은 나에게도 일어날 수 있고, 주변 사람에게도 일어날 수 있다.

나쁜 일들이 어떻게 닥치는지, 그리고 그것을 어떻게 극복해 갈지를 알아보기로 한다.

모든 일들은 바로 일어나지 않고 꾸준히 쌓여서 일어난다.

- 누란지위(累卵之危)

예를 들어 공부를 하루 열심히 한다고 해서 성적이 올라가진 않는다. 꾸준히 해서 공부가 쌓여야 성적이 올라간다. 마찬가지로 공부를 하루 안 한다고 성적이 내려가지 않는다. 꾸준히 하지 않으면 내려가게 마련이다.

그러므로 모든 일을 평소에 열심히 준비해서 처음부터 그런 일이 일어나지 않도록 해야 하는 것이다.

나쁜 일이 일어나기 전에는 어떤 징조가 나타난다. 즉 기미가 보인다.

- 풍전등화(風前燈火)

모든 병은 감기에서 시작한다고 한다. 감기를 조심해야 한다.

그러나 바람 앞의 등불처럼 될 때는 이미 늦은 것이다. 그러므로 징조가 나타날 때 조심해서 대비해야 하는 것이다.

모든 일은 안에서 문제가 생기고 나서 밖의 일이 터진다.

- 내우외환(內憂外患)

가정이나 국가나 모든 문제는 안에서 먼저 생기고 나서 외부의 일이 일어난다.

전쟁도 국민들 간에 내부 분열이 있어 힘이 약해지면 다른 나라에서 침략해 오는 것이다. 그러므로 가정이나 국가나 항상 내부 단결이 잘 되어야 한다.

나쁜 일도 혼자 오지 않고 늘 친구와 같이 온다.   - 설상가상(雪上加霜)

몸이 아프면 또 다른 곳이 아프듯이, 나쁜 것도 항상 친구와 같이 온다. 그러므로 나쁜 일이 생기면 더욱 조심해야 하는 것이다.

이제 모든 것이 끝났다고 생각할 때가 온다.   - 사면초가(四面楚歌)

사방을 돌아봐도 한 치의 빛도 보이지 않는다. 깜깜하다. 그러나 밤이 지나면 아침이 오듯이, 이 고통도 지나가면 다시 좋은 일들이 생길 것이다.

참자, 그리고 기다리자!

1. 한자 뿌리로 해석하기

累2	卵1	之3	危4
포갤 루	알 란	어조사 지	위태할 위

계란(卵)을 포개(累) 놓은 (之) 위태함(危).

여러 개의 알을 쌓아 놓은 것처럼 위태위태한 형편이라는 뜻이다. 층층이 쌓아 놓은 알의 위태로움이라는 뜻으로, 몹시 아슬아슬한 위기를 비유적으로 이르는 말이다.

2. 유래

범저는 종횡가의 한 사람으로 본래 위나라 사람이었다. 그런데 그는 가난하여 유세 길에 나설 노잣돈조차 없었다. 이에 그는 제나라에 사신으로 떠나는 수가의 부하가 되어 그를 수행했다. 그런데 제나라에서 수가보다 범저의 인기가 더 좋을 정도로 그는 아는 것이 많고 언변도 좋았다. 거기서 그는 제나라 양왕이 선물을 보내왔지만, 그것을 사양했다. 자신이 위나라 신하였기 때문이다.

한편 이 소식을 들은 수가는 귀국 후, 범저가 조국 위나라의 기밀을 누설한 대가로 선물을 받았다고 그를 모함했다. 범저는 온몸이 피투성이가 될 때까지 맞고 옥에 갇혔다. 그러나 범수는 옥졸을 회유하여 죽은 체하여 가까스로 탈옥할 수 있었다.

그는 그의 재능을 알아보고 출세의 길을 터준 정안평이라는 사람의 집에 은거하면서, 이름을 장록으로 바꾸었다. 정안평은 그때 진나라의 사신으로 위나라에 와 있던 왕계에게 그를 추천하여 주었다. 그는 사신 왕계를 따라가 진나라로 망명했다.

왕계는 장록을 만나 그의 뛰어남을 알아보았기에 왕에게 이렇게 말했다.

"위나라에 장록 선생이라는 자가 있는데, 천하에 뛰어난 언변을 가진 선비입니다. 그가 말하기를 '진나라는 알을 쌓아 놓은 것처럼 위태롭지만 (危如累卵), 나를 쓰면 안전할 것입니다. 그러나 그 내용을 서면으로는 충분히 전할 수가 없습니다.' 하기에 제 수레에 태워 가지고 함께 왔습니다."

이 말을 들은 진나라 왕은 그를 불손하게 생각하여 즉시 부르지는 않았다. 그러나 1년여가 지난 후 왕을 만난 범저는 자신의 원교근공책(遠交近攻策) 같은 대외 정책을 통해 진나라를 강대국으로 성장시키는 데 큰 역할을 하였다.　　　　　　— 출전 : 《사기(史記)》의 범저채택열전(范雎蔡澤列傳)

3. 한자 뜯어보기

累 포갤 루

담 뢰(畾)와 실 사(糸)를 합한 글자이다. 실(糸)을 사용해서 여러 겹(畾)으로 묶는 모습을 그려서, '묶다, 쌓다, 포개다' 등의 뜻이 나왔다. 뒤에 밭 전(田) 세 개가 하나의 밭 전(田)으로 줄어 지금의 글자 모양이 되었다.

※ 누적(累積) : 포갤 루(累) 쌓을 적(積)으로, 포개서 쌓음.
　　예 그는 요즘 일이 많고 바빠서 피로가 累積되었다.
※ 연루(連累) : 이을 련(連) 엮일 루(累)로, 어떤 일에 엮임. 다른 사람이 일으킨 사건에 걸려듦.
　　예 그는 중요 사건에 連累되어서 경찰에게 쫓기는 신세가 되었다.

卵 알 란

　　　　두 개의 물고기 알의 모습을 본뜬 글자로, '알'이란 뜻이다.

※ 명란(明卵) : 밝을 명(明) 알 란(卵)으로, 명태(明太)의 알.
　　예 그는 유난히 明卵 젓갈을 좋아한다.
※ 산란(産卵) : 낳을 산(産) 알 란(卵)으로, 알을 낳음.
　　예 연어는 産卵하기 위하여 본래 태어난 곳으로 돌아온다고 한다.

之 어조사 지

여기서는 무엇 '-의'라는 관형격 조사로 쓰였다.

危 위태할 위

낭떠러지 엄(厂)자 위에 선 사람(人)과 아래에 앉은 사람(卩)을 그려, 절
벽 위나 아래는 '위험하다, 위태하다' 등의 뜻이 나왔다.

※ 위기(危機) : 위태할 위(危) 틀 기(機)로, 위태로운 때. 위험한 고비.
  예 그는 危機를 잘 헤쳐 나갔다.
※ 위급(危急) : 위태할 위(危) 급할 급(急)으로, 위태할 정도로 매우 급박함.
  예 우리가 危急할 때는 119로 전화해야 한다.

4. 쓰임

* 초고령 사회로 진입하는 속도가 가팔라 노인 문제는 **누란지위(累卵之危)**
  의 형세로 그 대책이 시급하다.

* 일을 저질러 놓고도 무엇이 잘못인지조차 모르고 기고만장하고 있는 그
  들을 보면 '**누란지위(累卵之危)**'란 사자성어를 떠올리게 된다.

* 계속되는 지진의 여파로 **누란지위(累卵之危)**에 처한 김해시는 재난 지역
  을 선포하고 그 대책을 강구하기에 이르렀다.

5. 유의어

누란지세(累卵之勢) : 알을 포갠 듯이 위험한 형세. 누란지위(累卵之危)와 같은
  말이다.

백척간두(百尺竿頭) : 백 자나 되는 장대의 끝. 매우 어렵고 위태로운 상태를
  비유한 말.

6. '바를 정' 자를 표시하며 한자 열 번씩 소리 내어 읽으며 외우기

累	卵	之	危
포갤 루	알 란	어조사 지	위태할 위
正 正	正 正	正 正	正 正

7. 한자 따라 쓰며 익히기

11획	부수 糸	丿 冂 冂 冊 用 畀 畀 畀 累 累 累		
累	累			
포갤 루				
7획	부수 卩	丿 乛 乊 乡 卯 卯 卵		
卵	卵			
알 란				
4획	부수 丿	丶 乀 亠 之		
之	之			
어조사 지				
6획	부수 卩	丿 勹 勹 尹 产 危		
危	危			
위태할 위				

1. 한자 뿌리로 해석하기

風1	前2	燈3	火4	바람(風) 앞(前)의 등잔 (燈) 불(火).
바람 풍	앞 전	등잔불 등	불 화	

　바람 앞의 등불이라는 뜻으로, 존망이 달린 매우 위급한 처지를 비유하는 말이다.

2. 도움말

　풍전등화(風前燈火)란 '바람 앞의 등불'이란 뜻이다. 오늘날은 등불 대신 전깃불을 쓰는 세상이라 이 말이 그리 실감나지 않을 수도 있다. 그러나 옛날 등불을 쓰던 시대를 한번 생각해 보라. 등불은 정말 바람 앞에서는 바로 꺼져 버린다. 큰 바람이 아니라 작은 바람도 이겨 내지 못한다.

　그래서 이 말은 어떤 사물이 오래 견디지 못하고 매우 위급한 자리에 놓여 있음을 가리키는 말이 된다. 우리가 살다 보면 이런 위급한 일을 당하는 경우도 있다. 그러므로 항상 미리미리 대비해서 이런 일이 일어나지 않도록 준비해야 한다. 등불을 잘 지켜야 하는 것이다. 그러기 위해서는 미리 바람막이를 준비하고, 바람이 불어오는 쪽을 피해 안전한 곳으로 피해야 하는 것이다.

　더불어 이 말은 사물의 덧없음을 가리키는 말이 되기도 한다. 즉 사람의 운명이 바람 앞의 등불처럼 언제 어떻게 될지 아무도 모른다는 말이다. 실제 우리가 내일 어떻게 될지 아무도 모르는 것이다. 모든 일이 바람 앞의 등불처럼 영원하지 않다는 말이기도 하다.

3. 한자 뜻어보기

風 바람 풍

무릇 범(凡)과 벌레 충(虫)이 합해져서, 붕새(虫)가 일으키는 '바람'을 뜻한다.

※ 풍경(風景) : 바람 풍(風) 볕 경(景)으로, 아름다운 경치.
 예 저 風景이 정말 아름답다.

※ 풍속(風俗) : 바람 풍(風) 속될 속(俗)으로, 한 사회의 풍물과 습속.
 예 조선 시대의 風俗은 지금과 많이 다르다.

前 앞 전

원래 배 주(舟)와 발 지(止)가 합해진 글자이다. 배(舟) 위에 발 (止)을 올려놓고 전진하는 모양에서 '앞, 전진하다' 등의 뜻이 나왔다. 글자 모양이 변해 지금처럼 되었다.

※ 전진(前進) : 앞 전(前) 나아갈 진(進)으로, 앞으로 나감.
 예 용감한 군대는 前進밖에 모른다.

※ 여전(如前) : 같을 여(如) 앞 전(前)으로, 전과 같음.
 예 그는 결혼을 하고도 如前히 늦잠을 잔다.

燈 등잔불 등

불 화(火)변에 오를 등(登)을 붙인 글자이다. 불(火)을 켜서 높은 곳에 올려놓아(登) 비추게 하는 '등잔'을 말한다.

※ 소등(消燈) : 사라질 소(消) 등잔 등(燈)으로, 등불이나 전깃불을 끔.
 예 잘 때는 꼭 消燈을 하고 자거라.

※ 등유(燈油) : 등잔 등(燈) 기름 유(油)로, 등불을 켜는 데 쓰는 기름.
 예 요즘 燈油 가격이 많이 올랐다.

火 불 화

  불이 넘실거리며 활활 타는 모습을 그려 '불'을 나타냈는데, 글자 모양이 변해 지금처럼 되었다.

※ 화재(火災) : 불 화(火) 재앙 재(災)로, 불로 인한 재앙.
예 항상 火災가 일어나지 않도록 주의해야 한다.
※ 발화(發火) : 일으킬 발(發) 불 화(火)로, 불을 냄. 불이 일어나거나 타기 시작함.
예 경찰에서 發火의 원인을 조사하고 있다.

4. 쓰임

* 풍전등화(風前燈火)와 같던 팀이 구사일생으로 살아나 대회 우승컵까지 거머쥘 수 있었던 것은 선수들 모두가 혼신의 힘을 다했던 결과다.

* 풍전등화(風前燈火)의 위기 속에서도 결코 포기하지 않는 불굴의 정신이 침몰하는 나라를 구해 냈다.

* 시리아 내전에 참여했던 쿠르드 족은 도리어 풍전등화(風前燈火)의 위기에 처하게 되었다.

* 풍전등화(風前燈火)에 놓여 고사 위기에 빠진 제조업을 살리기 위해 기업은 물론이고 정부까지 발 벗고 나섰다.

* 국민의 지지율이 급격하게 떨어진 녹색자유당은 뾰족한 해법을 찾지 못하고 풍전등화(風前燈火)의 신세가 되었다.

5. 유의어

풍전촉화(風前燭火) : 바람 앞의 촛불이란 뜻으로, 사물이 오래 견디지 못하고 매우 위급한 자리에 놓여 있음을 가리키는 말.

6. '바를 정' 자를 표시하며 한자 열 번씩 소리 내어 읽으며 외우기

風	前	橙	火
바람 풍	앞 전	등잔불 등	불 화
正正	正正	正正	正正

7. 한자 따라 쓰며 익히기

9획	부수 風	丿 几 几 凡 凨 凨 凨 風 風			
風	風				
바람 풍					
9획	부수 刂	丶 丷 产 广 首 首 前 前			
前	前				
앞 전					
16획	부수 火	丶 丷 火 火 炏 炏 炒 炒 炒 炒 炒 燈 燈 燈 燈 燈			
燈	燈				
등잔불 등					
4획	부수 火	丶 丷 少 火			
火	火				
불 화					

1. 한자 뿌리로 해석하기

內₁	憂₂	外₃	患₄	국내(內)가　어려운데(憂) 외국(外)과도　어려운(患) 상태.
안 내	근심 우	바깥 외	근심 환	

　나라 안의 근심과 나라 밖으로부터 닥쳐오는 재난이라는 뜻이다. 인간이나 세상은 항상 근심 속에 살고 있다는 말이다.

2. 유래

　춘추 시대 중엽에 강대국인 초나라와 진나라가 대립한 시기가 있었다.

　당시 진나라에는 극씨, 낙서, 범문자 등의 대부들이 큰 세력을 가지고 있었다. 낙서는 초나라와 싸우기 전에 먼저 진나라에 항거한 정나라를 치기 위해 동원령을 내리고 스스로 중군의 장군이 되었다. 하지만 막상 진나라와 초나라의 두 군대가 충돌하게 되자 초나라와 싸울 것을 주장하였다.

　그러나 범문자는 이에 반대하며, '제후로 있는 사람이 반란을 일으키면 이를 토벌하고, 공격을 당하면 이를 구원하니 나라는 이로써 혼란해진다. 따라서 제후들은 어려움의 근본이다.'라고 지적하면서 다음과 같이 이야기했다.

　"오직 성인만이 안팎으로 근심이 없을 수 있지만, 성인이 아닌 범인들인 우리들로서는 밖이 평안하면 반드시 내부에서 근심이 생겨난다. 그러니 초나라와 정나라와 같은 밖에서 오는 근심은 일단 내버려 두어야 하지 않겠는가."라고 하였다.

　내우외환(內憂外患)은 이 말에서 유래된 것으로 성인이 아닌 평범한 인간은 항상 근심, 걱정 속에 산다는 것을 뜻한다.

－ 출전 :《국어(國語)》「진어(晉語)」편

3. 한자 뜯어보기

內 안 내

덮을 멱(冖)과 들 입(入)이 합해진 글자이다. 덮개(冖) 속에 든(入) 어떤 것을 그려, '안쪽'의 뜻을 나타내었다.

※ 내용(內容) : 안 내(內) 담을 용(容)으로, 안에 담긴 것. 글이나 말 속에 담긴 뜻.
　예 그 글이 나타내고자 하는 內容이 뭔지 잘 모르겠다.

憂 근심할 우

위는 머리 혈(頁), 중간은 마음 심(心)으로, 아래는 뒤쳐져서 올 치(夊)로 구성되었다. 찌푸린 얼굴(頁)로 춤을 추는(夊) 제사장의 마음(心)을 그렸다. 어떤 걱정거리를 해결하기 위해 신에게 비는 제사장의 근심 어린 마음으로 부터 '근심하다, 걱정하다' 등의 뜻이 나왔다.

※ 우환(憂患) : 근심할 우(憂) 근심 환(患)으로, 집안에 환자가 있거나 사고가 생겨 겪는 근심.
　예 무엇보다 집안에 憂患이 없어야 한다.
※ 우려(憂慮) : 근심할 우(憂) 생각할 려(慮)로, 근심하거나 걱정함.
　예 이번 태풍에 산사태가 憂慮된다.

外 바깥 외

Y

　　갑골문에 막대기에서 삐져 나간 모양을 그려, 경계선 '밖'으로 나간 것을 나타냈다. 글자 모양이 변해 지금처럼 되었다.

　※ 외국(外國) : 밖 외(外) 나라 국(國)으로, 바깥 나라들.
　예 요즘은 세계화 시대라 外國에 나가 있는 사람들이 많다.
※ 외화(外貨) : 밖 외(外) 돈 화(貨)로, 외국의 돈.
　예 수출로 外貨를 벌어들인다.

患 근심 환

꿸 천(串)과 마음 심(心)이 합해진 글자이다. 심장(心)을 꼬챙이로 찌르는(串) 것과 같은 아픔에서 '걱정, 근심, 병, 재앙' 등의 뜻이 나왔다.

※ 환자(患者) : 병 환(患) 사람 자(者)로, 병을 앓는 사람.
　　예 병원에 患者들이 많았다.
※ 노환(老患) : 늙을 노(老) 병 환(患)으로, 늙어서 생기는 병.
　　예 그는 나이가 들어서도 왕성하게 사회 활동을 하다가 백 살을 넘겨서
　　　老患으로 세상을 하직하셨다.

4. 쓰임

* 국내 시장 매출 하락과 전 세계적인 경기 침체로 **내우외환(內憂外患)**의 위기를 맞게 된 자동차 업계는 깊은 고민에 빠졌다.

* 무역 전쟁과 국내 지지 기반의 하락으로 세계 정상들은 올해도 **내우외환(內憂外患)**의 위기 속에서 어떤 리더십을 펼칠지 시름이 깊어지고 있다.

* 거액의 제작비를 들인 영화들이 흥행에 줄줄이 참패하고 수입 영화의 약진이 계속되는 가운데 국내 영화계는 **내우외환(內憂外患)**을 겪고 있다며 우려의 목소리를 높였다..

* 국내 게임사들은 외국산 게임의 약진과 게임 산업 전반에 걸친 각종 규제로 **내우외환(內憂外患)**에 시달렸다.

5. 유의어

내우외란(內憂外亂) : 나라 안에 근심이 있고, 나라 밖으로도 어지러움. 내우외환(內憂外患)과 같은 말이다.

6. '바를 정' 자를 표시하며 한자 열 번씩 소리 내어 읽으며 외우기

內	憂	外	患
안 내	근심할 우	밖 외	근심 환
正正	正正	正正	正正

7. 한자 따라 쓰며 익히기

4획	부수 入	l 冂 冂 內		
內 內				
안 내				
15획	부수 心	一 一 一 一 严 严 严 严 ,百 ,直 ,直 ,悥 ,悥 悥 憂 憂 憂		
憂 憂				
근심할 우				
5획	부수 夕	ノ ク タ タ 外 外		
外 外				
밖 외				
11획	부수 心	丶 ㅁ ㅁ ㅁ 吕 吕 吕 串 ,串 串 患 患		
患 患				
근심 환				

여섯째 마당 ④   설상가상 雪上加霜

1. 한자 뿌리로 해석하기

雪[1]	上[2]	加[4]	霜[3]	눈(雪) 위(上)에 서리(霜)를 더함(加).
눈 설	위 상	더할 가	서리 상	

내린 눈 위에 다시 서리가 내려 쌓인다는 뜻으로, 어려운 일이 거듭해서 일어남을 비유한 말이다. 엎친 데 덮친 격이다. 우리 속담 가운데 '재수 없는 놈은 뒤로 자빠져도 코가 깨진다'는 말이 있는데, 이와 서로 의미가 통한다.

2. 유래

이 말은 『경덕전등록(景德傳燈錄)』이나 『벽암록(碧岩錄)』 등 불교 서적에서 가끔 사용되었다. 왜냐하면 불교는 불립 문자(不立文字)라 하여, 불도의 깨달음은 마음에서 마음으로 전해지는 것이므로 글로 설명할 수 없다고 보기 때문에 짧은 말이나 비유를 주로 사용한다.

그래서 쓸데없는 말이나 중복되는 말에 설상가상(雪上加霜)이라는 말을 쓴다. 다음과 같은 일화에 이런 점이 잘 나타난다.

> 백장 스님이 남전 스님에게 말했다.
> "내가 너에게 지나치게 말을 많이 했구나."
> 이에 남전 스님이 짧게 대답했다.
> "눈 위에 서리를 더하는 격입니다."

여기에서처럼 '설상가상'은 본래 '쓸데없는 말이나 중복되는 말'이라는 뜻으로 쓰였다. 그러나 지금은 '좋지 않은 일이 계속해서 일어나는 것'을 뜻하게 되었다.

3. 한자 뜯어보기

雪 눈 설

갑골문에서는 눈이 휘날리는 모습을 그린 그림 문자이다. 뒤에 비(雨)가 얼음이 되어 마치 깃털(羽)처럼 내리므로, 비 우(雨)와 깃 우(羽)가 합하여, '눈'을 나타내었다. 글자 모양이 변해 지금처럼 되었다.

※ 설경(雪景) : 눈 설(雪) 볕 경(景)으로, 눈이 내리는 경치. 눈이 쌓인 경치.
　예 겨울에는 아름다운 雪景을 볼 수 있어서 좋다.
※ 폭설(暴雪) : 갑자기 폭(暴) 눈 설(雪)로, 갑자기 많이 내리는 눈.
　예 어젯밤에 暴雪이 내렸다.

上 위 상

먼저 기준선(一)을 긋고 그 위에 점을 찍어 '위'를 나타내었는데, 모양이 변해 지금처럼 되었다.

※ 상납(上納) : 위 상(上) 바칠 납(納)으로, 윗사람에게 금품을 바침.
　예 남이 모르게 아랫사람에게 上納 받는 일은 좋지 않다.
※ 상하(上下) : 위 상(上) 아래 하(下)로, 위와 아래.
　예 계급 사회에서는 上下 관계가 분명하다.

加 더할 가

힘 력(力)과 입 구(口)가 합해진 글자이다. 힘(力)이 들어간 말(口)은 과장되기 마련이므로 '더하다'는 뜻이 나왔다.

※ 가입(加入) : 더할 가(加) 들 입(入)으로, 어떤 단체에 들어감.
　예 우리나라는 유엔에 加入했다.
※ 첨가(添加) : 더할 첨(添) 더할 가(加)로, 더하는 것.
　예 싱거우면 소금을 添加하거라.

霜 서리 상

비 우(雨)와 서로 상(相)이 합해진 글자로, 비 우(雨)에서 뜻을 취하고 서로 상(相)에서 소리를 취했다. 기후 현상의 하나인 '서리'를 뜻한다.

※ 풍상(風霜) : 바람 풍(風) 서리 상(霜)으로, 바람과 서리. 세상의 어려움과 고생.
  [예] 어떤 사람들은 살아가면서 온갖 風霜을 다 겪는다.
※ 상강(霜降) : 서리 상(霜) 내릴 강(降)으로, 첫서리가 내리는 절기.
  [예] 내일이 첫서리가 내린다는 霜降이다.

4. 쓰임

* 넘쳐나는 쓰레기로 몸살을 앓고 있는 로마는 설상가상(雪上加霜)으로 대형 쓰레기 소각장에 큰불까지 났다.
* 당뇨병은 합병증이 더 무서운 병인데, 설상가상(雪上加霜)으로 뇌졸중 발생이 우려돼 주의를 요한다.
* 중국발 스모그가 유입되는 가운데 설상가상(雪上加霜) 황사까지 겹쳐 미세 먼지 주의보를 발령했다.
* 설상가상(雪上加霜), 최악의 실업난과 물가 상승으로 인해 결혼을 포기하는 젊은이들이 늘고 있다.

5. 유의어

병상첨병(病上添病) : 병 위에 병을 더하니, 병을 앓는 동안에 또 다른 병이 겹쳐 생긴다는 말이다.

전호후랑(前虎後狼) : 앞문에서 호랑이를 막고 있으며 뒷문으로는 이리가 들어온다는 뜻으로, 재앙(災殃)이 끊임없이 일어남을 비유한 말이다.

6. '바를 정' 자를 표시하며 한자 열 번씩 소리 내어 읽으며 외우기

雪	上	加	霜
눈 설	위 상	더할 가	서리 상
正正	正正	正正	正正

7. 한자 따라 쓰며 익히기

11획	부수 雨	一 一 一 一 一 雨 雨 雪 雪 雪 雪		
雪	雪			
눈 설				
3획	부수 一	丨 丄 上		
上	上			
위 상				
5획	부수 力	フ カ 加 加 加		
加	加			
더할 가				
17획	부수 雨	一 一 一 一 雨 雨 雨 雨 雪 雪 雪 霜 霜 霜 霜 霜 霜		
霜	霜			
서리 상				

여섯째 마당 ⑤ 　사면초가 四面楚歌

1. 한자 뿌리로 해석하기

四¹	面²	楚³	歌⁴	사방(四面)에서　초나라
넉 사	낯 면	나라이름 초	노래 가	(楚)의　노래(歌)　소리가 들려옴.

　　사방에서 들려오는 초나라의 노래라는 뜻으로, 적에게 둘러싸여 누구의 도움도 받을 수 없는 고립된 상태를 이르는 말이다.

2. 유래

　　초나라 항우가 한나라 유방에게 패배하여 해하(垓下)에서 포위되었다. 항우는 포위망을 뚫으려고 했지만, 한나라 군대가 겹겹이 포위하고 있어 도저히 빠져나갈 수가 없었다. 이에 항우는 해하에다 진을 치고 방어를 하는 수밖에 다른 도리가 없었다. 그날 저녁에 항우가 군막 안에서 수심에 잠겨 있을 때, 그가 총애하는 우희(虞姬)가 술을 권했다.

　　한밤중이 되자 서풍이 불어오더니 이어서 구슬픈 노랫소리가 들려왔다. 자세히 들어 보니 한나라 군영에서 나는 소리였다. 노래는 초나라 노래였고 부르는 사람의 수가 대단히 많은 것 같았다. 사방에서 들려오는 초나라 노래를 듣던 항우는 실성한 사람처럼 소리쳤다

　　"큰일 났군, 큰일 났어. 유방이 초나라를 점령한 모양이야. 그렇지 않고서야 저렇게 많은 초나라 사람이 한나라 군영에 있을 리가 없지 않은가."

　　이것은 유방이 항우를 속이려고 꾸며 낸 일종의 심리 작전이었다. 사면초가(四面楚歌)라는 말이 여기서 유래되었다

　　항우는 마지막으로 주연을 열어 자신의 비장한 심정을 노래로 읊었고, 곁에 있던 우희는 눈물을 흘리면서 노래에 맞추어 춤을 추었다.

힘은 산을 뽑을 만하고 기운은 세상을 덮었건만

시운이 불리하니 오추마가 나가지 않네.

오추마가 나가지 않으니 어찌하면 좋을까.

우희여! 우희여! 그대를 어찌하면 좋을까.

여기서 말하는 '오추마'는 항우가 자기 몸처럼 아끼던 말이다. 이 노래가 끝나자, 항우가 사랑하던 애첩 우희는 칼로 목을 찔러 자결했다.

항우는 마지막 죽을힘을 다해 한나라 군사의 포위망을 뚫고 오강까지 갔으나, 끈질긴 한나라의 추격 부대에 쫓겨 끝내 강물에 몸을 던지고 말았다.　　　　　　　　　　　　　　　　　　　　　- 출전 : 《사기(史記)》 〈항우본기(項羽本紀)〉

3. 한자 뜯어보기

四 넉 사

갑골문에서는 네 개의 가로획으로 숫자 '넷'을 나타냈는데, 뒤에 나라 국(囗) 안에 여덟 팔(八)자를 넣어 지금처럼 쓰이고 있다.

팔(八)자가 좌우로 나눈다는 뜻이 있으므로, 땅을 사방으로 나눈다는 뜻을 담았다.

※ 사지(四肢) : 넉 사(四) 사지 지(肢)로, 팔과 다리.

　[예] 四肢가 멀쩡한 놈이 빌어먹으며 다닌다.

面 낯 면

갑골문에서 얼굴에 눈 하나를 그렸는데, 눈이 얼굴의 가장 중요한 부분이라 '얼굴'이란 뜻이 나왔다.

※ 면접(面接) : 낯 면(面) 맞이할 접(接)으로, 얼굴로 마주함. 직접 만나 보고 됨됨이를 시험함.

📖 요즘은 학교나 기업체에서 사람을 뽑을 때 좋은 인재를 뽑기 위해
　　面接 시험을 본다.
※ 외면(外面) : 밖 외(外) 낯 면(面)으로, 바깥면. 말이나 행동이 겉으로 드러
　나는 모양.
　　📖 사람을 外面으로만 판단해서는 안 된다.

楚 회초리 초

수풀 림(林)과 발 필(疋)이 합해진 글자이다. 마편초과에 속하는 나무(林)
인데, '회초리'의 재료로 쓰였다.

※ 초달(楚撻) : 회초리 초(楚) 매질할 달(撻)로, 회초리로 종아리를 때림.
　　📖 옛날 서당에서는 훈장님이 아동들을 가르치기 위해 楚撻을 서슴지 않
　　았다.
※ 초한(楚漢) : 초나라 초(楚) 한나라 한(漢)으로, 유방과 항우가 서로 대립
　하던 때의 초나라와 한나라.
　　📖 오늘날의 장기에도 양편의 장군을 楚漢으로 나타낸다.

歌 노래 가

노래할 가(哥)와 하품할 흠(欠)이 합해진 글자로, 하품하듯이(欠) 입을 크
게 벌려 부르는 '노래(哥)'를 뜻한다. 여기서 '노래하다, 찬미하다' 등의 뜻
도 나왔다.

※ 가수(歌手) : 노래 가(歌) 사람 수(手)로, 노래 부르는 걸로 살아가는 사람.
　　📖 요즘 歌手 지망생이 많다고 한다.
※ 가요(歌謠) : 노래 가(歌) 노래 요(謠)로, 노래. 민요, 동요, 유행가 등의
　노래를 통틀어 이르는 말.
　　📖 최근에 나오는 歌謠는 댄스곡이 많아서 점점 템포가 더 빨라지고 있
　　는 추세이다.

4. 쓰임

* 전 세계적으로 판매가 부진한 데다 특허 소송까지 겹치면서 A기업은 **사면초가(四面楚歌)**에 놓이게 되었다.

* **사면초가(四面楚歌)**의 이레 자동차는 시동도 걸기 전에 화재와 부품 불량 등 잇따른 악재로 해외 진출이 좌절되었다.

* 주전 선수의 부상으로 **사면초가(四面楚歌)**에 놓인 강성 중학교 야구부는 1학년 선수를 주전으로 기용하였다.

* 맹추위에 강풍이 부는 가운데 건조한 기후로 화재 위험이 높아져 산간 지역은 **사면초가(四面楚歌)**입니다.

* 식량난에 곡식을 실은 배가 난파되는 **사면초가(四面楚歌)** 상황에서 역병까지 돌자 세종은 띠집에 기거하며 백성과 고통을 함께했다.

5. 유의어

고립무원(孤立無援) : 고립되어 도움을 받을 데가 없음.

6. '바를 정' 자를 표시하며 한자 열 번씩 소리 내어 읽으며 외우기

四	面	楚	歌
넉 사	낯 면	회초리 초	노래 가
正正	正正	正正	正正

7. 한자 따라 쓰며 익히기

5획	부수 口	丨 冂 冂 四 四	
四	四		
넉 사			
9획	부수 面	一 一 丆 丆 面 面 面 面	
面	面		
낯 면			
13획	부수 木	一 十 オ 木 木 村 村 林 楚 楚 梦 梵 楚	
楚	楚		
회초리 초			
14획	부수 欠	一 丆 西 哥 哥 哥 哥 歌 歌	
歌	歌		
노래 가			

일곱째 마당

어려운 일을 미리 피하려면?

사람은 누구나 편하게 살고 싶어 한다. 어려운 일은 힘들고 괴롭기 때문이다.

그러면 어떻게 어려운 일을 미리 피할 수 있을까.

무엇보다 어려운 일들은 주로 말과 행동이 어긋났을 때 생긴다.

- 언행일치(言行一致)

말을 하고 그대로 실행하지 않았을 때 문제가 생긴다.

우선 나 스스로 무엇을 하겠다고 결심하고, 그것을 실행하지 않으면 일이 진척되지 않는다. 그리고 상대방에게 약속을 지키지 않으면 문제가 생긴다. 약속대로 되지 않으면 모든 일이 틀어지고, 이후 상대는 나를 믿지도 않아 아무 일도 되지 않는다. 그러므로 어떤 일이 있어도 나 스스로와 상대방과의 약속은 지켜야 하는 것이다.

또한 작은 이익에 눈이 어두워 큰 손해를 볼 때가 많다.

- 소탐대실(小貪大失)

사람은 욕심이 많아 바로 눈앞의 이익에 약하다. 고기가 미끼를 물다가 잡히는 것처럼, 사람들도 자그마한 미끼에 눈이 어두워져 큰 손해를 볼 때가 있다. 사기꾼들은 대개 이런 사람들의 욕심을 이용하여 사기를 치는 것이다. 그러므로 항상 크게 보고 살아야 한다.

이런저런 일에 마음이 흔들리지 않기 위해서는 내 분수를 지키고 만족할 줄 아는 것이 가장 좋은 방법이다. - 안분지족(安分知足)

세상은 내 마음대로 되지 않는다. 다 내 분수가 있는 것이다. 거기서 만족할 줄 안다면, 늘 편안한 마음으로 어렵지 않게 살 수 있을 것이다.

모든 일은 미래를 내다보고 오늘을 살아야 한다.   - 선견지명(先見之明)

내일은 오늘과 다르다. 어제의 결과가 오늘이고, 오늘의 결과가 내일이다. 그러므로 늘 내일을 생각하며 오늘의 일을 한다면 큰 어려움 없이 살아갈 수 있을 것이다.

마지막으로 모든 일에 있어서 미리 준비하면 아무런 어려움이 없을 것이다.
- 유비무환(有備無患)

빛이 있으면 그림자가 있듯이, 모든 일에는 좋은 면이 있는가 하면 나쁜 면도 있다. 그러므로 어떤 일을 할 때는 좋은 면만 생각하지 말고, 나쁜 면도 생각해 봐야 한다. 나쁜 면을 미리 대비하고 준비한다면 항상 편안하게 살아갈 수 있을 것이다.

미래를 준비하는 인생을!

일곱째 마당 ① 언행일치 言行一致

1. 한자 뿌리로 해석하기

言₁	行₂	一₃	致₄	말(言)과 행동(行)이 하나
말씀 언	행할 행	한 일	이를 치	(一)같이 이름(致).

하는 말과 행동이 같은 것으로, 말한 대로 행동함을 이른 것이다. 예로부터 우리 조상들은 자신이 말한 것을 행동에 옮기는 것이야말로 인간의 올바른 도리라고 가르쳤다. 입으로 약속을 하고 막상 행동하지 않는다면, 그것은 거짓말쟁이가 되기 때문이다.

2. 도움말

동양에서는 자기가 말한 것을 행동으로 옮기는 것을 인격 완성의 이상적 형태인 군자의 필수 조건으로 꼽았다. 그래서 서양의 수사학과 달리 동양에서는 말의 실천을 군자의 최우선적 덕목으로 내세웠다. 그래서 혹시 말이 실천을 따르지 못할까 항상 노심초사하였다. 『논어』에서도 공자는 '일은 민첩하게 하고 말은 삼가라.'고 했던 것이다. 이런 군자 같은 사람의 말은 믿을 수 있으므로, 그런 사람의 말에는 믿음이 있다.

어떻게 해야 자기의 말에 믿음이 생길까? 그것은 자기가 한 말을 항상 실천할 때, 그 말에 저절로 믿음이 생기게 된다. 말과 행동은 항상 같이 가야 하는 이유가 바로 여기에 있다.

좋은 언행은 좋은 사람들을 사귈 때도 가장 중요한 요소가 된다. 또한 다른 사람의 됨됨이를 판단할 때도 우리는 상대방의 말로 판단한다. 그러므로 좋은 말은 정말 중요한 것이다. 심지어는 나라의 흥망을 좌지우지할 정도로 중요하다. 그래서 특히 사회 지도층은 그 사용하는 말에 올바른 믿음이 있어야 하는 것이다.

좋은 말이란 언제나 윤리와 법도에 맞아야 하고, 예의를 갖추어야 하고, 조급하지 않아야 하며, 숨김도 없어야 하고, 구차하지도 않아야 한다. 그래서 실천 윤리 중 언행 윤리의 실천을 으뜸으로 쳤던 것이다.

3. 한자 뜯어보기

言 말씀 언

 본래 입에 피리 같은 악기를 물고 소리를 내는 모양을 그린 그림 문자이다. 소리가 '말하다'라는 뜻으로 바뀌고, 글자 모양도 지금처럼 되었다.

※ 언론(言論) : 말씀 언(言) 말할 론(論), 말이나 글로 자기의 생각을 나타냄.
　㉠ 자유 민주 국가에서는 言論의 자유를 보장한다.
※ 발언(發言) : 쏠 발(發) 말씀 언(言), 자기의 뜻을 말로 함. 의견을 말함.
　㉠ 그는 그 사실에 대해 어떤 發言도 하지 않았다.

行 행할 행

본래 네거리의 모습을 그린 글자이다. 네거리는 사람들이 많이 다니는 곳이기 때문에 '가다, 행하다, 떠나다' 등의 뜻이 나왔다.

※ 행위(行爲) : 갈 행(行) 할 위(爲)로, 행동을 함.
　㉠ 우리는 불법 行爲를 해서는 안 된다.
※ 진행(進行) : 나아갈 진(進) 행할 행(行)으로, 앞으로 나아감.
　㉠ 어렵더라도 일을 進行시켜야 한다.

一 한 일

가로로 한 획(一)을 그어 '하나'를 나타내었다.

致 이를 치

이를 지(至)와 칠 복(攵)이 합해진 글자이다. 회초리로 쳐서(攵) 이르게 (至) 하는 데서 '이르다, 보내다, 드리다' 등의 뜻이 나왔다.

※ 일치(一致) : 한 일(一) 이를 치(致)로, 하나에 이름. 서로 어긋나지 않고 꼭 맞음.
　　예 그 반은 의견이 一致했다.
※ 이치(理致) : 이치 리(理) 이를 치(致)로, 도리에 이르는 근본이 되는 것.
　　예 사람은 자연의 理致를 따라야 한다.

4. 쓰임

* 말한 것은 반드시 실행해야 하므로, 말하기 전에 **언행일치(言行一致)**를 생각해야 한다.

* 올해는 작년과 다르게 **언행일치(言行一致)**하는 자세를 가지기로 마음을 다잡았다.

* 평소 기업인의 사회적 의무를 강조해 온 그는 자신의 재산을 모두 사회에 환원함으로써 **언행일치(言行一致)**하는 모범을 보여 주었다.

* **언행일치(言行一致)**가 잘 안 되는 것은 자기의 이익만을 먼저 생각하기 때문이다.

5. 반의어

유언묵행(儒言墨行) : 입으로는 공자(孔子)의 도(道)를 말하고 행동은 묵자(墨子)의 짓을 한다는 뜻으로, 말과 행동이 일치하지 않음을 이르는 말이다.

자가당착(自家撞着) : 자기 스스로의 언행(言行)이 앞뒤가 맞지 않아 서로 맞부딪친다는 뜻으로, 말과 행동이 일치하지 않음을 비유한 말이다.

6. '바를 정' 자를 표시하며 한자 열 번씩 소리 내어 읽으며 외우기

言	行	一	致
말씀 언	행할 행	한 일	이를 치
正正	正正	正正	正正

7. 한자 따라 쓰며 익히기

7획	부수 言	` 一 亠 亖 言 言 言		
言 言				
말씀 언				
6획	부수 行	' ' 彳 彳 行 行		
行 行				
행할 행				
1획	부수 一	一		
一 一				
한 일				
10획	부수 至	一 工 互 互 至 至 至 致 致 致		
致 致				
이를 치				

소탐대실 小貪大失

1. 한자 뿌리로 해석하기

小 1	貪 2	大 3	失 4	작은 것(小)을 탐내다가
작을 소	탐할 탐	큰 대	잃을 실	(貪) 큰 것(大)을 잃음(失).

작은 이익에 정신을 팔다가 오히려 큰 손해를 보게 되는 어리석음을 말한다.

2. 도움말

전국 시대 진나라 혜왕은 늘 옆에 있는 부유한 촉나라를 정복하고 싶었다. 그러나 중원에서 촉나라로 가는 길은 대부분 까마득한 계곡을 낀 가파른 벼랑 중턱으로 난 좁은 길이거나 험악한 산길이어서 큰 병력이 신속하게 이동하기에는 절대 불가능하였다. 촉나라는 천연 요새였던 것이다.

그때 혜왕은 촉나라 왕이 대단히 물욕이 많은 사람이라는 소문을 듣고는, 그 욕심을 이용하여 촉나라를 정복하고자 하는 계획을 세웠다.

먼저 부하들로 하여금 옥이 나는 산에서 집채만 한 옥덩이를 캐어서 그것으로 황소를 조각하게 했다. 그다음 옥소의 배 속에 금은보화와 비단을 잔뜩 집어넣고는, 촉왕에게 선물할 예물이라고 선전했다. 그 소문은 바람을 타고 사방으로 퍼져 나가 마침내 촉왕의 귀에까지 들어갔다. 그 소문을 들은 촉왕은 너무 기뻤다.

그때 마침 진나라의 사신이 와서 진나라 혜왕이 양국 관계의 우호를 다지고자 촉왕에게 큰 선물을 준비했는데, 다만 길이 험해 빨리 가지고 올 수가 없다고 했다. 그리고 사신은 옥으로 만든 소의 그림과 선물 목록을 촉왕에게 보여 주었다. 그림과 목록을 받아 본 촉왕은 한시바삐 그 선물을 받고 싶은 욕심이 났다.

그래서 촉왕은 그날 바로 총동원령을 내려 백성들로 하여금 산을 깎고 계곡을 메우며 길을 넓히는 공사를 시작하게 했다. 그러자 백성들의 원망이 높을 수밖에 없었고, 신하들 중에서도 그 공사의 무모함을 지적하는 소리가 없지 않았다. 그러나 이미 눈앞에 어른거리는 옥소에 정신이 팔린 촉왕의 귀에는 아무 소리도 들어오지 않았다.

드디어 길이 완성되자, 진나라 혜왕은 거창한 예물 행렬을 촉나라로 향해 출발시켰다. 특별히 제작한 대형 수레에 옥소와 다른 예물들을 잔뜩 실었다. 그리고 그 예물을 도적들로부터 지키고 보호한다는 구실 아래 중무장한 정병 수만 명을 앞뒤에 붙였다.

촉왕은 진나라의 보물이 도착하자, 문무백관을 거느리고 도성의 교외에까지 몸소 나와서 이들을 맞이했다. 그러자 갑자기 진나라 병사들이 숨겨 두었던 무기를 꺼내 촉나라를 공격하였고, 촉왕은 그 자리에서 사로잡히고 말았다.

촉왕의 소탐대실(小貪大失)이 나라까지 잃게 만든 것이다.

– 출전 : 북제 유주(北齊 劉晝)의 《신론(新論)》

3. 한자 뜯어보기

小 작을 소

갑골문에 작은 모래알을 여럿 그려, '작다'는 뜻을 나타냈다.

小

※ 소설(小說) : 작을 소(小) 말씀 설(說)로, 소소한 말로 쓴 이야기.

예 그는 小說을 많이 읽어 국어 공부를 잘한다.

※ 축소(縮小) : 줄일 축(縮) 작을 소(小)로, 줄여서 작게 만듦.

예 이것이 너무 크니 조금 縮小시키면 어떨까?

貪 탐낼 탐

이제 금(今)에 조개 패(貝)가 합해진 글자이다. 지금(今) 눈앞에 보이는 돈(貝)에 욕심이 생긴다는 의미에서, 재물을 '탐내다'는 뜻이 나왔다.

※ 탐욕(貪慾) : 탐낼 탐(貪) 욕심 욕(慾)으로, 무엇을 지나치게 탐내는 욕심.
예 그는 貪慾스런 사람이다.

※ 탐관오리(貪官汚吏) : 탐낼 탐(貪) 벼슬 관(官) 더러울 오(汚) 벼슬아치 리(吏)로, 탐욕이 많고 행실이 더러운 벼슬아치.
예 조선 시대 고소설에 貪官汚吏들이 많이 등장한다.

大 큰 대

갑골문에 어른이 정면으로 팔다리를 벌리고 있는 모습을 그려, '크다'는 뜻을 나타냈다.

※ 대길(大吉) : 큰 대(大) 좋을 길(吉)로, 크게 좋음. 매우 길함.
예 그는 모든 일들이 大吉로 잘 풀린다.

※ 거대(巨大) : 클 거(巨) 클 대(大)로, 엄청나게 큼.
예 동굴 속에 巨大한 석상이 있다.

失 잃을 실

본래 손에서 물건이 떨어지는 모습을 그려, '잃다'는 뜻을 나타냈다.

※ 실언(失言) : 잃을 실(失) 말씀 언(言)으로, 말을 잘못함. 실수로 말을 잘못함.
예 사람이 失言이 잦으면 신용이 떨어진다.

※ 득실(得失) : 얻을 득(得) 잃을 실(失)로, 얻음과 잃음. 이익과 손해.
예 대개 사람들은 일을 시작할 때 得失을 따져 본다.

4. 쓰임

* 기득권을 내려놓지 못하고 변명으로 일관하는 모습은 스스로의 존립을 위협하게 되어 **소탐대실(小貪大失)**이 우려된다.

* 내 밥그릇만 챙기다 보면 국민들의 지지를 잃게 되어 **소탐대실(小貪大失)**의 우를 범하기 십상이다.

* 무리한 다이어트는 건강을 잃게 되어 **소탐대실(小貪大失)**이 될 수 있다는 사실을 기억해야 한다.

* 당장의 이익에 눈이 어두워 신뢰를 저버리는 행위는 **소탐대실(小貪大失)**이 아닐 수 없다.

5. 유의어

교각살우(矯角殺牛) : 소의 뿔을 바로잡으려고 하다가 소를 죽인다는 뜻으로, 소탐대실(小貪大失)과 같은 뜻이다.

수주탄작(隨株彈雀) : '수후(隨侯)의 구슬로 참새를 쏘다.'라는 뜻으로, 작은 것을 얻기 위하여 귀한 것을 버리는 일을 비유하는 말이다. 수후의 구슬은 춘추 전국 시대 수나라 제후가 큰 상처를 입은 뱀을 구해 준 보답으로 받은 귀한 야광주(夜光珠)를 가리킴.

6. '바를 정' 자를 표시하며 한자 열 번씩 소리 내어 읽으며 외우기

小	貪	大	失
작을 소	탐낼 탐	큰 대	잃을 실
正正	正正	正正	正正

7. 한자 따라 쓰며 익히기

3획	부수 小	亅 小 小		
小 小				
작을 소				
11획	부수 見	丿 入 人 仒 仒 含 含 貪 貪 貪 貪		
貪 貪				
탐낼 탐				
3획	부수 大	一 ナ 大		
大 大				
큰 대				
5획	부수 大	丿 乊 丆 矢 失		
失 失				
잃을 실				

일곱째 마당 ③ 　 안분지족 安分知足

1. 한자 뿌리로 해석하기

安₁	分₂	知₄	足₃	편안하게(安) 분수(分)를 지키며 만족함(足)을 앎(知).
편안할 안	나눌 분	알 지	넉넉할 족	

　자기 처지를 탓하거나 불평하지 않고 편안한 마음으로 자기 분수를 지키며 만족할 줄 안다는 말이다.

2. 도움말

　우선 자기 분수를 안다는 것이 중요하다. 여기서 분수는 수학 시간에 배운 그 분수다.

　여기 사과가 10개 있는데, 사람이 다섯이라면 내 분수는 몇 개인가? 10÷5 = 2. 2개가 내 분수이다. 그러므로 내가 2개로 만족해야지 3개나 4개를 탐한다면, 분수를 모르는 사람이 된다.

　분수를 알고, 더불어 만족할 줄 알아야 한다. 욕심은 끝이 없기 때문이다.

　여기에서 『정조이산어록』에 나오는 정조의 말은 만족할 줄 아는 마음이 무엇인지를 잘 설명하고 있다.

> 　여름이라 날씨가 매우 더웠다. 정조는 침실 남쪽 건물에 거처했는데, 처마가 짧아 한낮이 되면 해가 뜨겁게 내리쬐었다. 한 신하가 아뢰었다.
> 　"이 거실은 좁아서 한여름이면 매우 덥습니다. 전하께서 건물을 별도로 짓자는 것을 허락하지 않으시니, 다른 서늘한 곳으로라도 옮겨서 여름을 보내는 것이 좋겠습니다."
> 　그러자 정조가 말했다.

"지금 좁은 이곳을 버리고 다른 서늘한 곳으로 옮기면 또 거기에서도 참고 견디지 못하고 반드시 더 서늘한 곳을 생각하게 될 것이다. 이렇게 되면 어떻게 만족할 때가 있겠는가. 만약 이곳을 참고 견디면 바로 이곳이 서늘한 곳이 된다. 이것을 미루어 본다면, '만족할 줄 안다(知足)'는 말이 적용되지 않을 곳이 없다."

'지금 여기서' 만족할 줄 알아야 한다는 정조의 지혜로운 말은 정말 새겨들어야 할 것이다.

부채를 들면 선풍기가 생각나고, 선풍기를 틀면 에어컨이 생각나는 것이 인간이다. 에어컨을 틀면 무엇이 생각날까?

3. 한자 뜯어보기

安 편안할 안

집 면(宀)자 안에 여자 여(女)자를 넣은 글자이다. 여자(女)가 집(宀)에 있을 때, 집안사람들이 가장 '편안하다'는 뜻이다.

※ 안심(安心) : 편안할 안(安) 마음 심(心)으로, 마음을 편안하게 가짐.
　　예 나는 집에 도착하고서야 安心이 되었다.
※ 안전(安全) : 편안할 안(安) 온전할 전(全)으로, 편안하고 온전함. 위험이나 사고가 날 염려가 없음.
　　예 어머니는 아버지보다 安全하게 운전하신다.

分 나눌 분

여덟 팔(八)과 칼 도(刀)가 합해진 글자이다. 팔(八)이 나눈다는 뜻이 있으므로, 칼(刀)로 잘라 나누니(八), '나누다, 분별하다'는 의미가 된다.

※ 분할(分割) : 나눌 분(分) 쪼갤 할(割)로, 나누어 쪼갬.

  <예> 형제는 땅을 分割해서 나누어 가졌다.

※ 신분(身分) : 몸 신(身) 분수 분(分)으로, 어떤 사회 안에서 개인이 갖는
  위치. 사람의 법률상의 지위나 자격.

  <예> 그는 身分이 높은 사람이다.

知 알 지

화살 시(矢)와 입 구(口)가 합해진 글자이다. 화살처럼(矢) 상황을 정확히
꿰뚫어 말할(口) 수 있는 모양에서 '알다'라는 뜻이 나왔다.

※ 지성(知性) : 알 지(知) 성질 성(性)으로, 지적인 품성. 사물을 알고 판단하
  는 능력. 지성인의 준말.

  <예> 교육 받은 知性人이라면 다른 사람을 존중하며 남의 말에도 귀를 기
    울일 줄 알아야 한다.

※ 인지(認知) : 알 인(認) 알 지(知)로, 어떠한 사실을 분명히 앎.

  <예> 그는 바보같이 착하다는 말을 들어도 상대방이 악의적으로 하는 말
    과 행동 정도는 認知할 수 있는 지적 능력이 있는 사람이다.

足 넉넉할 족

지금은 '발'의 뜻이지만, 갑골문에서는 '다리'를 그린 글자이
다. 다리는 몸을 지탱하는 기본이기에, 여기서 '충분하다, 충실하
다, 만족하다'는 등의 뜻도 나왔다.

※ 만족(滿足) : 찰 만(滿) 넉넉할 족(足)으로, 가득 차서 넉넉함.

  <예> 다른 사람과 자신을 은연중에 비교하는 사람은 자신의 현재 생활에
    滿足하기가 쉽지 않다.

※ 부족(不足) : 아닐 부(不) 넉넉할 족(足)으로, 넉넉하지 않아 모자람.

  <예> 그는 사회생활을 하다 보면 가끔 자기 자신에게 不足함이 많다는 사
    실을 느낀다.

4. 쓰임

* 자신에게 주어진 현실에 만족하며 과욕을 부리지 않고 **안분지족(安分知足)**해야 한다는 말은 행복한 삶을 위해 새겨 두어야 할 말이다.

* 작은 노력으로 큰 이익을 얻으려는 인간의 욕심 때문에 **안분지족(安分知足)**은 너무나 힘든 일이다.

* 분수에 맞지 않는 일에 욕심내기보다는 자신의 처지에 만족하며 **안분지족(安分知足)**하는 태도를 가져야 한다.

* 자신의 분수에 만족하며 **안분지족(安分知足)**하는 태도는 자칫 게으른 자의 변명이 될 수도 있다.

* **안분지족(安分知足)**하며 사는 사람은 욕심이 없어서 사기를 당할 일이 별로 없다. 욕심은 화가 되기 때문이다.

5. 유의어

안빈낙도(安貧樂道) : 가난한 가운데서도 고민하지 않고 인생을 즐기는 것.

6. '바를 정' 자를 표시하며 한자 열 번씩 소리 내어 읽으며 외우기

安	分	知	足
편안할 안	나눌 분	알 지	넉넉할 족
正正	正正	正正	正正

7. 한자 따라 쓰며 익히기

6획	부수 宀	` ` 宀 宀 安 安		
安	安			
편안할 안				
4획	부수 力	ノ 八 今 分		
分	分			
나눌 분				
8획	부수 矢	ノ ト 二 午 矢 知 知 知		
知	知			
알 지				
7획	부수 足	丶 口 口 早 早 足 足		
足	足			
넉넉할 족				

일곱째 마당 ④   선견지명 先見之明

1. 한자 뿌리로 해석하기

先₁	見₂	之₃	明₄	미리(先) 내다볼(見) 줄
먼저 선	볼 견	어조사 지	밝을 명	아는(之) 밝은(明) 지혜.

　미래를 내다보는 안목이라는 뜻으로, 어떤 일이 일어나기 전에 미래를 예측하는 예리한 지혜를 이르는 말이다.

2. 도움말

　미래를 내다볼 수 있다면 얼마나 좋을까?

　나라의 지도자들도 적의 계획을 미리 알 수 있다면 전쟁이 일어날지 안 일어날지도 알게 되고, 거기에 따라 미리 준비를 하면 나라의 평화도 유지할 수 있을 것이다.

　과학자들이 미래에 사람들이 무엇을 필요로 할지 알면, 거기에 맞은 다양한 기술과 제품들을 개발할 것이다. 에디슨 같은 천재는 미래에 반드시 필요하다고 생각하여, 전구나 영사기나 축음기 같은 귀중한 물건들을 발명하였던 것이다.

　사업을 하는 사람도 미래에 사람들이 무엇을 좋아할지 알고 그런 물건을 만들어 팔면 돈을 벌게 될 것이다.

　가수들도 어떤 곡이 히트를 칠지 안다면 그런 노래를 만들어 부를 것이다.

　학생들도 미래를 안다면, 미래에 꼭 필요한 공부를 하여 내일을 준비할 것이다.

　이처럼 미래를 안다는 것은 상당히 중요한 것이다.

　미래를 안다면, 장래가 무섭거나 두렵지도 않을 것이다. 또한 나쁜 일을 미리 알 수 있으니까 그 일이 일어나지 않게 미리 준비하여 막을 수도 있을 것이다.

우리의 걱정거리는 사실 미래를 제대로 알지 못하기 때문에 생기는 것이다. 그래서 우리는 미래를 알 수 있는 능력을 길러야 한다. 어떻게 기를까?

미래를 아는 능력은 하늘에서 그냥 뚝 떨어지는 것이 아니다. 우리가 과거와 현재에 일어나는 여러 가지 상황들을 잘 따져 보면 앞으로 어떤 일이 일어날지 예측할 수 있는 것이다. 이렇게 선견지명(先見之明)은 지금의 상황을 정확하게 파악하고 분석하여 앞으로 일어날 일을 예측하는 능력이다.

3. 한자 뜯어보기

先 먼저 선

갑골문에 발 지(止)와 사람 인(儿)이 합해져서, 어떤 사람(儿)의 발(止)이 앞으로 나갔음을 나타냈다. 여기서 '앞, 이전, 먼저' 등의 뜻이 나왔다. 그러다 글자 모양이 변해 지금처럼 되었다.

※ 선고(先考) : 먼저 선(先) 상고할 고(考)로, 돌아가신 자기의 아버지를 남에게 일컫는 말.
　예 저의 先考께서는 제가 어릴 때 돌아가셨습니다.

※ 선례(先例) : 먼저 선(先) 본보기 례(例)로, 먼저 있었던 사례. 지금까지 있어 온 예.
　예 사람들은 先例를 따르기를 좋아한다.

見 볼 견

눈 목(目) 아래 사람 인(儿)이 붙은 글자이다. 크게 눈(目)을 뜬 사람(儿)의 모습에서, '보다, 만나다, 드러나다' 등의 뜻이 나왔다. 다만 '드러나다, 나타나다' 같은 뜻일 때는 '현'으로 읽는다.

※ 견해(見解) : 볼 견(見) 풀 해(解)로, 어떤 사물이나 현상에 대한 의견이나 생각.

　예 그는 자신의 見解를 밝혔다.

※ 의견(意見) : 뜻 의(意) 볼 견(見)으로, 어떤 일에 대한 생각.

　예 각자 자기의 意見을 말해 보세요.

之 어조사 지

여기서는 무엇 '-의'라는 뜻의 관형격 조사로 쓰였다.

明 밝을 명

해 일(日)과 달 월(月)이 합해진 글자로, 햇빛과 달빛의 '밝음'을 나타냈다.

※ 명확(明確) : 밝을 명(明) 굳을 확(確)으로, 분명하고 확실함.

　예 그가 말한 사실은 明確하다.

※ 설명(說明) : 말씀 설(說) 밝을 명(明)으로, 말로 설명하여 분명하게 함.

　예 그의 說明으로 모든 의문이 다 풀렸다.

4. 쓰임

* 조만간 전쟁이 끝날 것을 예견하고 생산 시설을 대대적으로 확장한 결정은 그의 선견지명(先見之明)이 돋보인 대목이다.

* 그는 수완이 뛰어나며 자신의 장단점을 잘 알뿐만이 아니라 선견지명(先見之明)이 있어 환난(患難) 중에도 잘 피해 다녔다.

* 그는 사후에 비로소 국제적인 안목과 선견지명(先見之明)을 가진 민족의 지도자였다는 평가를 받게 되었다.

* 나라를 이끌어 갈 지도자는 앞으로의 세상이 어떻게 나아갈지를 알 수 있는 선견지명(先見之明)이 있어야 한다.

5. '바를 정' 자를 표시하며 한자 열 번씩 소리 내어 읽으며 외우기

先	見	之	明
먼저 선	볼 견	어조사 지	밝을 명
正正	正正	正正	正正

6. 한자 따라 쓰며 익히기

6획	부수 儿	′ ⺧ ⺧ 生 先 先		
先 先				
먼저 선				
7획	부수 見	l ⺆ ⺆ ⺆ 目 貝 見		
見 見				
볼 견				
4획	부수 之	ヽ ⺀ ⺇ 之		
之 之				
어조사 지				
8획	부수 日	l ⺆ ⺆ 日 旫 明 明 明		
明 明				
밝을 명				

일곱째 마당 ⑤   유비무환 有備無患

1. 한자 뿌리로 해석하기

有²	備¹	無⁴	患³	미리 대비(備)하는 것이 있으면(有) 근심거리(患)가 없게(無) 됨.
있을 유	갖출 비	없을 무	근심 환	

어떤 일에 미리 대비하고 준비하는 것이 가장 좋다는 말이다. 또한 미리 대비책을 세우고 있으면 어떤 어려움도 일어나지 않는다는 말이기도 하다.

2. 도움말

이 말은 『서경』〈열명편〉과 『춘추좌씨전』에 나오는 말이다.

〈열명편〉은 중국 은나라의 고종(高宗)이 부열이라는 재상을 얻게 되는 경위와, 어질고 현명한 부열의 의견을 듣고 실천하는 내용을 기록한 글이다.

여기 유비무환(有備無患)이란 말은 재상 부열이 고종 임금에게 한 말 가운데에 들어 있다.

"생각이 바르시면 이를 행동으로 옮기되, 옮기는 것은 시기에 맞아야 합니다. 자기가 잘하는 것을 자랑하게 되면 그 공로를 잃게 됩니다. 오직 모든 일이 되려면 다 갖추어야 하는 것이 있어야 하니, 갖춘 것이 있으면 걱정이 없게 될 것입니다.(有備無患)"

3. 한자 뜯어보기

有 있을 유

오른손 우(又)와 고기 육(月)이 합해진 글자이다. 고기(月)를 손 (又)에 쥐고 있는 모습에서 '있다, 가지다' 등의 뜻이 나왔다.

※ 유명(有名) : 있을 유(有) 이름 명(名)으로, 이름이 세상에 널리 알려져 있음.
예 그는 有名한 야구 선수다.
※ 유식(有識) : 있을 유(有) 알 식(識)으로, 아는 것이 있음.
예 그는 책을 많이 읽어서 有識하다.

備 갖출 비

갑골문에는 본래 화살을 담아 두는 통을 그린 그림 문자이다. 뒤에 사람 인(亻)이 붙어 현재 모양으로 바뀌면서 '갖추다'는 뜻 이 나왔다. 이로 미루어 고대에 화살 통에는 항상 화살을 갖추고 있어야 함을 알 수 있다.

※ 구비(具備) : 갖출 구(具) 갖출 비(備)로, 있어야 할 것을 다 갖춤.
예 입사 시험에 필요한 具備 서류를 다 준비했다.
※ 수비(守備) : 지킬 수(守) 갖출 비(備)로, 지킬 것을 갖춤.
예 축구는 공격도 중요하지만 守備를 잘해야 한다.

無 없을 무

원래 갑골문에서 두 손에 깃털을 들고 춤추는 모양을 그린 글 자이다. 춤을 출 때는 지위, 신분이나 남녀노소의 구분이 없다는 데서 '없다'라는 뜻이 나왔다고 본다.

※ 무시(無視) : 없을 무(無) 볼 시(視)로, 보아주지 아니 함. 알아주지 않음.
예 그는 사람을 無視하는 나쁜 버릇이 있다.

※ 무관(無關) : 없을 무(無) 관계할 관(關)으로, 관계가 없음.
　　예 나는 그 일에 無關하다.

患 근심 환

꿸 천(串)과 마음 심(心)이 합해진 글자이다. 심장(心)을 꼬챙이로 꿰는 (串) 것과 같은 아픔에서 '걱정, 근심, 병, 재앙' 등의 뜻이 나왔다.

※ 환자(患者) : 병 환(患) 사람 자(者)로, 병을 앓고 있는 사람.
　　예 그는 고혈압 患者이다.
※ 숙환(宿患) : 묵을 숙(宿) 병 환(患)으로, 오래된 병.
　　예 그는 오랜 宿患으로 고생하고 있다.

4. 쓰임

* 그는 신년사에서 경기 침체로 불확실성과 잠재적 위기 속에서 '유비무환 (有備無患)'의 자세를 강조했다.

* 유비무환(有備無患)의 자세로 한 달 동안 시험 준비를 했더니 기대보다도 더 높은 성적을 얻었다.

* 유비무환(有備無患)이란 고사성어가 아니더라도 예기치 못한 상황에 대비하기 위해서는 비상금을 꼭 마련해 두어 위기 상황을 헤쳐 나갈 수 있게 해야 한다.

* 평소 주의를 조금만 더 기울이고 유비무환(有備無患)의 정신으로 대비한다면 우리는 어떤 재난과 재해도 극복할 수 있다.

5. 유의어

거안사위(居安思危) : 편안할 때에도 위험과 곤란이 닥칠 것을 생각하며 미리 대비해야 함.

6. '바를 정' 자를 표시하며 한자 열 번씩 소리 내어 읽으며 외우기

有	備	無	患
있을 유	갖출 비	없을 무	근심 환
正 正	正 正	正 正	正 正

7. 한자 따라 쓰며 익히기

6획	부수 月	ノ ナ 才 右 有 有			
有 있을 유	有				
12획	부수 亻	ノ イ 亻 个 亻 仲 伃 件 供 備 備 備			
備 갖출 비	備				
12획	부수 灬	ノ 广 二 仁 午 缶 缶 無 無 無 無			
無 없을 무	無				
11획	부수 心	丶 口 口 尸 吕 吕 串 串 患 患 患			
患 근심 환	患				

여덟째 마당

이런 사람은 되지 맙시다!

각주구검

감탄고토

정중지와

방약무인

연목구어

사람은 각자 자기 인생을 만들어 간다. 주어진 시간은 똑같이 평등하지만 그 결과는 달라질 수 있다. 그것은 무엇보다 각자 인생의 목표가 다르기 때문에 생겼을 것이다. 그러므로 우리는 먼저 스스로 어떤 사람이 되어야 할지 한번 생각해 보아야 한다. 무엇보다 우리는 훌륭하고 능력 있는 사람이 되어야 할 것이다.

그리고 우리가 되지 말아야 할 인간 유형도 있다. 우리는 이런 사람만은 되지 말아야 할 것이다.

첫째, 세상의 이치를 모르는 어리석은 사람이다.　　　- 각주구검(刻舟求劍)

세상의 만물에는 각각의 이치가 있다. 우리는 살아가면서 주변에 부딪치는 모든 일들의 이치를 늘 깨달아야 한다. 그래서 이치에 맞는 생활을 해야 한다. 이런 세상 만물의 이치를 모르고 자기만 옳다고 생각해서는 안 된다. 이런 헛똑똑이만은 되지 말아야 한다.

다음으로 달면 삼키고 쓰면 뱉는 사람은 되지 말아야 한다.

- 감탄고토(甘呑苦吐)

세상에는 자기가 하고 싶은 일도 있지만, 하기 싫은 귀찮은 일도 분명히 있다. 사람은 누구나 자기가 하고 싶은 일만 하며 살고 싶을 것이다. 그러나 세상 일은 그렇게 간단치가 않다. 좋은 약은 입에 쓰다는 말이 있다. 이처럼 하기 싫더라고 나에게 필요한 일은 반드시 해야 하는 것이다. 공부도 해야 하고, 일도 해야 하고, 운동도 해야 한다.

다음으로 우물 안 개구리처럼 자기 세계만 아는 사람이다.

- 정중지와(井中之蛙)

세상은 넓고 할 일은 많다. 늘 주변 사람들을 보며, 세상 돌아가는 형편을 살피면서 내가 아는 세계를 넓혀 가야 할 것이다. 식견이 좁은 사람은 자기주장만 하는 고집쟁이가 되기 쉽다.

다음으로 세상에 자기만 있는 줄 알고 행동하는 사람이 되어서는 안 된다

- 방약무인(傍若無人)

세상에는 많은 사람들이 있고, 그 중에 잘난 사람들도 많다는 사실을 잊어서는 안 된다. 그러므로 늘 겸손하여야 한다. 그리고 늘 예의를 지켜야 한다. 사람들이 가장 싫어하는 것이 교만하고 예의를 모르는 사람이다. 늘 겸손하게 예의 바른 사람이 되어야 할 것이다.

끝으로 되지도 않을 일을 하면서 인생을 낭비해서는 안 된다.

- 연목구어(緣木求魚)

내가 할 수 있는 일이 있고, 할 수 없는 일도 있다. 또한 그 일에는 거기에 합당한 방법이 있다. 그런데 무턱대고 아무 일이나 할 수 있는 것처럼 마구 덤벙대는 것은 인생을 낭비할 뿐이다. 자기가 하고 싶은 일을 정하고, 거기에 도달할 수 있는 수단과 방법을 찾아서 그 일을 해야 할 것이다.

인생은 짧다!

여덟째 마당 ①　　각주구검 刻舟求劍

1. 한자 뿌리로 해석하기

刻₂	舟₁	求₄	劍₃
새길 각	배 주	구할 구	칼 검

배(舟)에다 새겨서(刻) 칼(劍)을 찾으려(求) 함.

　칼이 강물에 떨어지자 뱃전에 그 자리를 표시했다가 나중에 그 칼을 찾으려 한다는 뜻으로, 이치를 몰라서 세상일에 어둡고 어리석음을 비유하는 말이다.

2. 도움말

　춘추 전국 시대 초나라에 한 젊은이가 있었다.

　그는 매우 소중히 여기는 칼을 가지고 배를 타고 양쯔 강을 건너가다가 강 한복판에서 그만 실수로 쥐고 있던 칼을 강물에 떨어뜨리고 말았다. 놀란 젊은이는 황급히 주머니칼을 꺼내서 칼을 빠뜨린 부분의 뱃전에 칼자국을 내어 두었다. 그는 칼이 떨어진 자리에 표시를 해놓았으니 뒤에 찾을 수 있을 것이라고 생각했다.

　그래서 그는 배가 항구에 닿자마자 얼른 뱃전에 표시해 놓은 곳의 물속으로 뛰어들어 빠뜨린 칼을 찾으려고 하였다.

　각주구검(刻舟求劍)은 이처럼 어리석고 이치를 모르는 것을 비유하는 말이다.

- 출전 : 『여씨춘추』 찰금편

3. 한자 뜯어보기

刻 새길 각

　돼지 해(亥)와 칼 도(刂, 刀)가 합해진 글자이다. 돼지(亥)가 입으로 땅을 부단히 쑤시며 앞으로 나가듯이, 칼(刀)로 물체를 부단히 판다는 뜻에서 '새기다'라는 뜻이 나왔다.

※ 정각(正刻) : 바를 정(正) 새길 각(刻)으로, 틀림없이 바로 그 시각.
　　예 12시 正刻에 종각에서 만나자.

※ 목각(木刻) : 나무 목(木) 새길 각(刻)으로, 그림이나 글씨를 나무에 새김.
　　예 나는 木刻 작품을 좋아한다.

舟 배 주

갑골문에 통나무배 모양을 그려, '배'를 나타낸다.

 ※ 방주(方舟) : 모 방(方) 배 주(舟)로, 상자 모양의 네모난 배.
　　예 구약에 노아의 方舟 이야기 나온다.

求 구할 구

짐승의 가죽옷을 그린 그림에서 나온 글자이다. 옛날 사람들이 모두 가죽옷을 구하고 싶어 하여 '구하다'라는 뜻이 나왔다.

※ 구걸(求乞) : 구할 구(求) 빌 걸(乞)로, 거저 달라고 빎.
　　예 거지들이 길가에서 求乞한다.

※ 갈구(渴求) : 목마를 갈(渴) 구할 구(求)로, 목이 마를 정도로 애타게 구함.
　　예 인류는 평화를 渴求한다.

劍 칼 검

다 첨(僉)과 칼 도(刂)가 합해진 글자로, 모든 병사가 다(僉) 차고 다니는 칼(刂)로, 특히 '크고 긴 칼'을 말한다.

※ 검객(劍客) : 칼 검(劍) 손 객(客)으로, 검술에 능한 사람.
　　예 그 영화에는 많은 劍客들이 등장한다.

※ 검도(劍道) : 칼 검(劍) 길 도(道)로, 칼을 잘 쓰는 방법.
　　예 젊을 때 劍道를 배워 두면 좋다.

4. 쓰임

* 융통성 없이 옛것만 고집하여 일을 그르치는 사람을 보면 '각주구검(刻舟求劍)'이라는 고사성어가 생각난다.

* 교수들은 올해의 사자성어로 세상 물정에 어둡고 어리석은 사람을 뜻하는 '각주구검(刻舟求劍)'을 뽑았다.

* 중국을 보는 한국의 시각은 10년 전이나 20년 전이나 똑같다. 혹여 각주구검(刻舟求劍)의 뱃사람 같은 과오를 범하고 있는 건 아닌지 우려된다.

* 경직된 사고는 배가 흘러가는 것을 모르는 채 난간에 표시를 하는 각주구검(刻舟求劍)의 어리석음을 저지르게 한다.

5. 유의어

각선구검(刻船求劍) : 뱃전에 선을 새겨 칼을 찾음. 각주구검(刻舟求劍)과 같은 뜻의 말이다.

수주대토(守株待兔) : 그루터기를 지키며 토끼를 기다림.

왜 거기 서 있어?

어제 여기서 풍선을 놓쳤거든.

6. '바를 정' 자를 표시하며 한자 열 번씩 소리 내어 읽으며 외우기

刻	舟	求	劍
새길 각	배 주	찾을 구	칼 검
正正	正正	正正	正正

7. 한자 따라 쓰며 익히기

8획	부수 刂	` ` 亠 亥 亥 亥 亥 刻		
刻	刻			
새길 각				
6획	부수 舟	′ 丿 舟 舟 舟 舟		
舟	舟			
배 주				
7획	부수 水	一 十 寸 才 术 求 求		
求	求			
찾을 구				
15획	부수 刂	丿 亼 亼 亼 슝 슝 슝 슘 슘 슘 슘 슘 슝 劍 劍		
劍	劍			
칼 검				

1. 한자 뿌리로 해석하기

甘₁	呑₂	苦₃	吐₄	달(甘)면 삼키고(呑) 쓰 (苦)면 토함(吐).
달 감	삼킬 탄	쓸 고	토할 토	

'달면 삼키고 쓰면 뱉는다.'는 뜻으로, 일의 옳고 그름을 판단하지 않고, 자기에게 이로우면 취하고 이롭지 않으면 버린다는 말이다. 아주 이기적인 태도를 말한다.

2. 도움말

'달면 삼키고 쓰면 뱉는다'는 우리 속담과 같은 말이다. 이를 한글 사자 성어로는 '달삼쓰뱉'이라 해도 되는지 모르겠다. 자신에게 유리한 것은 받 아들이고 자신에게 불리한 것은 배척한다는 의미이다. 아주 이기적인 사 람이다.

이 말의 뜻을 글자 그대로 읽으면 뜻은 맞는 말이 된다. 왜냐하면 대 개 동물들은 단것을 좋아하기 때문이다. 또한 단것들은 영양분이 많은 먹이들이다. 사과나 복숭아나 딸기는 모두 단맛이 나는 과일들이며, 또 한 사람들은 단것을 더 좋은 상품으로 취급한다. 벌레나 새들도 과일의 가장 단맛 나는 부분을 파먹는다. 그러나 쓴맛이 나는 것은 대체로 동물 들이 싫어한다. 거기에 독이 든 것은 아니겠지만, 하여튼 본능적으로 멀 리한다.

그러므로 대체로 동물이라면 당연히 단것을 좋아하고, 쓴 것은 멀리한 다. 사람도 동물의 일종이다.

그러면 왜 이 말이 부정적으로 나쁜 말로 쓰일까? 그것은 이 말이 비유적으로 쓰였기 때문이다. 특히 사람은 동물들과 달리 도덕과 윤리라는 것이 있다. 이것 때문에 다른 동물들과 구별된다. 그래서 우리는 달더라도 먹어서 안 될 것은 먹지 말고, 쓰더라도 먹어야 할 것은 먹어야 하는 것이다. 즉 내가 손해 보더라도 해야 할 일은 해야 하고, 내가 이익은 보더라도 하지 않아야 할 일은 하지 말아야 한다. 그래야 동물이 아닌 사람이 된다.

3. 한자 뜯어보기

甘 달 감

입(口) 안에 단 음식을 물고 있는 모양으로, 아마 단것을 먹고 있는 중인지 '달다'라는 뜻이 나왔다.

※ 감주(甘酒) : 달 감(甘) 술 주(酒)로, 식혜.
　㉚ 할머니는 매년 甘酒를 담가 드셨다.
※ 감초(甘草) : 달 감(甘) 풀 초(草)로, 단맛을 내는 풀.
　㉚ 그는 약방의 甘草처럼 안 끼이는 데가 없다.

呑 삼킬 탄

입 구(口)와 일천 천(千)이 합해진 글자이다. 입 구(口)에서 뜻을 취하고 일천 천(千)에서 소리를 취했다. 목구멍(口)으로 '삼키다'의 뜻이 나온다. 글자 모양이 변해 지금처럼 쓰인다.

※ 탄성(呑聲) : 삼킬 탄(呑) 소리 성(聲)으로, 소리를 삼킨다는 뜻으로, 울음을 참고 흐느낌을 비유하는 말이다.
　㉚ 그는 그 모습에 놀라 呑聲을 질렀다.
※ 탄토(呑吐) : 삼킬 탄(呑) 토할 토(吐)로, 삼킴과 뱉음.
　㉚ 그는 몸이 아파 이상하게도 呑吐를 계속했다.

苦 쓸 고

풀 초(艹)와 옛 고(古)가 합해진 글자로, 쓴맛이 나는 '씀바귀'를 말한다. 이에 맛이 '쓰다, 어렵다, 괴롭다' 등의 뜻이 나왔다.

※ 고뇌(苦惱) : 쓸 고(苦) 괴로워 할 뇌(惱)로, 몸과 마음의 괴로움.
    예 젊은 날엔 누구나 苦惱가 많다.
※ 인고(忍苦) : 참을 인(忍) 쓸 고(苦)로, 괴로움을 참음.
    예 어머니는 忍苦의 세월을 참고 살았다.

吐 토할 토

입 구(口)에서 뜻을 취하고 흙 토(土)에서 소리를 취했다. 입(口)으로, '토하다'의 뜻이다.

※ 토로(吐露) : 토할 토(吐) 이슬 로(露)로, 속마음을 죄다 드러내어 말함.
    예 그는 자신의 괴로운 심정을 吐露했다.
※ 구토(嘔吐) : 토할 구(嘔) 토할 토(吐)로, 위 속의 음식물을 토함.
    예 그는 속이 쓰려 嘔吐를 했다.

4. 쓰임

* 인간을 목적이 아닌 수단으로 여기는 감탄고토(甘呑苦吐)의 사회가 되어 버려 씁쓸함을 금할 수 없다.

* 이익에 따라 태도가 변하는 사람은 감탄고토(甘呑苦吐)의 전형이다.

* 자신에게 이로울 때만 가까이 다가가고, 상대의 처지가 어려워지면 멀리 하여 감탄고토(甘呑苦吐)하는 사람은 진정한 친구가 되기 어렵다.

* 단물이 빠진 것처럼 권력을 잃은 정치인 곁에 아무도 남지 않는 것을 보면 세상사가 감탄고토(甘呑苦吐)라는 생각이 든다.

5. '바를 정' 자를 표시하며 한자 열 번씩 소리 내어 읽으며 외우기

甘	呑	苦	吐
달 감	삼킬 탄	쓸 고	토할 토
正正	正正	正正	正正

6. 한자 따라 쓰며 익히기

5획	부수 甘	一 十 卄 甘 甘		
甘	甘			
달 감				
7획	부수 口	ノ 二 チ 天 禾 呑 呑		
呑	呑			
삼킬 탄				
9획	부수 艹	㇒ 十 卄 艹 芢 芢 芢 苦 苦		
苦	苦			
쓸 고				
6획	부수 口	㇑ 口 口 吒 吐		
吐	吐			
토할 토				

1. 한자 뿌리로 해석하기

井₁	中₂	之₃	蛙₄	우물(井) 안(中) 의(之) 개 구리(蛙).
우물 정	가운데 중	어조사 지	개구리 와	

　식견이 좁음을 비유하는 말. '정중지와'는 본래 '부지대해(不知大海)'와 함께 한 구를 이룬다. 즉, '우물 안 개구리는 큰 바다를 알지 못한다(井中之蛙 不知大海).'이다. 즉 아는 것과 경험이 적어 세상 이치를 널리 모르는 모습을 비유하는 말이다. 세상은 넓고 배울 것은 많다.

2. 유래

　황하강의 신 하백(河伯)이 처음으로 강에서 바다로 나왔다. 그는 북해에 가서 동해를 바라보면서, 그 끝이 없이 넓음에 놀라 탄식하였다.

　그러자 이 말을 들은 북해의 신 약(若)이 이렇게 말했다.

　"우물 안의 개구리에게 바다를 말해도 알지 못하는 것은 좁은 우물 안에 살기 때문이다. 또 여름 벌레에게 차가운 얼음을 말해도 알지 못하는 것은, 그들이 여름만을 굳게 믿고 있기 때문이다."

　그러면 개구리는 우물 안을 어떻게 생각하는지 직접 그의 말을 들어 보기로 한다.

　어느 날 우물 속의 개구리가 동해 바다에 사는 거북을 만나 이렇게 말했다.

　"나는 즐거워 견딜 수가 없다. 나는 우물 턱에 앉아서 뛸 수도 있고, 우물 속에 들어가면 우물을 싼 돌 틈에 끼어 쉴 수도 있고, 우물에 들어

가면 손발을 벌리고 뜰 수도 있고, 진흙 속에 들어가면 손발을 펼치고 뛸 수도 있다. 작은 벌레나 게나 올챙이들은 도저히 내 흉내를 낼 수가 없다. 나는 언제나 우물 속의 물을 독점하고 있고, 우물에 들어가서 누워 있는 재미란 그 위에 비길 것이 없다. 그대도 가끔 우물 속에 들어와 봄이 어떤가."

- 『장자(莊子)』 〈추수편(秋水篇)〉

3. 한자 뜯어보기

井 우물 정

본래 네모난 '우물'의 난간을 그린 상형 문자이다.

井

※ 석정(石井) : 돌 석(石) 우물 정(井)으로, 돌우물.
  예 저 산 아래 石井이 있다.
※ 유정(油井) : 기름 유(油) 우물 정(井)으로, 석유를 뽑아내기 위해 땅을 판 우물.
  예 우리나라에서는 油井이 없어서, 서남 아시아와 남아메리카에서 석유를 수입하고 있다.

中 가운데 중

中

옛날 부족 사회에서 중요한 행사가 있으면 땅의 가운데(中)에다가 자기 부족을 나타내는 깃발을 세우고 사람들을 불러 모았다. 이에서 '가운데, 중앙, 중심' 등의 뜻이 나왔다.

※ 중앙(中央) : 가운데 중(中) 가운데 앙(央)으로, 가운데. 수도.
  예 대개 학교 中央에 도서관이 있다.
※ 중심(中心) : 가운데 중(中) 마음 심(心)으로, 한가운데. 한복판.
  예 남산은 서울의 中心에 자리하고 있다.

之 어조사 지

여기서는 무엇 '-의'라는 뜻의 관형격 조사로 쓰였다.

蛙 개구리 와

벌레 충(虫)과 홀 규(圭)가 합해진 글자이다. 홀(圭)은 위는 둥글고 아래는 네모진 옥으로 만든 신표이다. 따라서 홀(圭)처럼 생긴 벌레(虫) 동물이라고 '개구리'가 되었다.

※ 와각(蛙角) : 개구리 와(蛙) 뿔 각(角)으로, 머리를 개구리 모양으로 묶은 것을 말한다.

　　예 그는 머리를 蛙角처럼 묶었다.

※ 와성(蛙聲) : 개구리 와(蛙) 소리 성(聲)으로, 개구리가 우는 소리.

　　예 여름밤에는 蛙聲이 요란하다.

4. 쓰임

* 정중지와(井中之蛙)가 되지 않기 위해서는 다른 사람들과 교류하며 보다 넓은 세상으로 나가야 한다.

* 자기 부처의 입장만 고집할 것이 아니라 각 부처 간 긴밀한 협조를 통해 정중지와(井中之蛙)식 사고에서 벗어나야 한다.

* 더 이상 배우려 하지 않고 자기가 아는 것에 만족하는 태도로는 정중지와(井中之蛙) 신세를 면하기 어렵다.

* 익숙한 것만 하려는 정중지와(井中之蛙)의 태도에서 벗어나 새로운 일에 도전하는 젊은이가 되어야 한다.

5. 유의어

정저지와(井底之蛙) : 우물 안 개구리로, 정중지와(井中之蛙)와 같은 말이다.

6. '바를 정' 자를 표시하며 한자 열 번씩 소리 내어 읽으며 외우기

井	中	之	蛙
우물 정	가운데 중	어조사 지	개구리 와
正正	正正	正正	正正

7. 한자 따라 쓰며 익히기

4획	부수 二	一 二 于 井		
井	井			
우물 정				
4획	부수 中	丶 冂 口 中		
中	中			
가운데 중				
4획	부수 之	丶 一 ㇋ 之		
之	之			
어조사 지				
12획	부수 虫	丶 冂 口 中 虫 虫 虬 虬 蛙 蛙 蛙 蛙		
蛙	蛙			
개구리 와				

1. 한자 뿌리로 해석하기

傍¹	若⁴	無³	人²	곁(傍))에 사람(人)이 없
곁 방	같을 약	없을 무	사람 인	는(無) 것같이(若) 행동함.

원래 이 말은 아무 거리낌 없는 당당한 태도를 뜻하는 말이었는데, 뒤에 뜻이 변해서 천방지축으로 날뛰거나, 예의가 없거나, 교만한 태도를 표현할 때 사용된다.

2. 유래

중국 춘추 전국 시대 말엽에 위나라에 형가(荊軻)라는 사람이 있었다. 그는 성격이 침착하고, 생각이 깊으며, 예술과 무예에 능하였고, 또한 애주가였다. 그는 정치에 관심이 많아 청운의 뜻을 품었지만 자기 나라에서 벼슬을 구할 수 없자, 주변 여러 나라를 떠돌아다니며 한량들과 사귀기를 즐겼다.

그가 떠돌아다니던 중 연나라에서 비파의 명수인 고점리(高漸離)라는 사람을 만나게 되었다. 두 사람은 만나자마자 호흡이 맞아 금세 친한 친구가 되었다.

이들이 만나 술판을 벌여 취흥이 오르면, 고점리는 비파를 켜고 형가는 거기에 맞추어 춤을 추며 큰소리로 노래를 불렀다. 그러다가 자신들의 신세가 처량하여 서로 껴안고 울기도 하고 웃기도 하였다. 이때의 모습이 마치 곁에 아무도 없는 것과 같았다(傍若無人)고 한다.

이후 연나라 태자 단(丹)이 진나라의 정(政 : 훗날의 진시황)에게 원한을 품고, 형가에게 정의 암살을 부탁하였다. 그러나 형가는 시황제의 관복만

뚫었을 뿐 암살에는 실패하고 말았다. 이 일로 그는 시황제에게 죽임을 당하였다.
- 《사기(史記)》〈자객열전(刺客列傳)〉

원래 방약무인은 이처럼 '아무 거리낌 없는 당당한 태도'를 말하였는데, 훗날로 오면서 천방지축으로 날뛰거나, 예의가 없거나, 교만한 태도를 표현할 때 사용된다.

3. 한자 뜯어보기

傍 곁 방

사람 인(亻) 변에 곁 방(旁)이 붙어서, 곁(旁)에 있는 사람(亻)이다. 이에서 '가깝다, 곁' 등의 뜻이 나왔다.

※ 방청석(傍聽席) : 곁 방(傍) 들을 청(聽) 자리 석(席)으로, 무대 곁에서 들을 수 있는 자리.
   예 가수가 나오니 傍聽席이 갑자기 떠들썩해졌다.
※ 방관(傍觀) : 곁 방(傍) 볼 관(觀)으로, 그 일에 직접 관여하지 않고 그냥 곁에서 보기만 함.
   예 그 문제를 더 이상 傍觀만 할 수 없었다.

若 같을 약

풀 초(艹)와 오른쪽 우(右)가 합해진 글자이다. 본래 '머리를 다듬다'라는 뜻인데 뒤에 '만약, 같다' 등의 뜻이 나왔다.

※ 약간(若干) : 같을 약(若) 얼마 간(干)으로, 얼마 되지 아니함.
   예 제가 若干이라도 도움이 되었으면 합니다.
※ 만약(萬若) : 일만 만(萬) 같을 약(若)으로, 만일 그와 같다면.
   예 萬若 그가 약속을 어긴다면 어떡할 거니?

無 없을 무

원래 갑골문에서 두 손에 깃털을 들고 춤추는 모양을 그린 글자이다. 춤을 출 때는 지위, 신분이나 남녀노소의 구분이 없다는 데서 '없다'라는 뜻이 나왔다고 본다.

※ 무상(無常) : 없을 무(無) 늘 상(常)으로, 늘 그대로인 것이 없음. 덧없음.
예 인생은 無常한 것이야.

※ 무효(無效) : 없을 무(無) 효과 효(效)로, 효과가 없음.
예 이번 경기는 부정 출발이 있어 無效 처리되었다.

人 사람 인

'남자 어른'의 옆모습을 그린 상형 문자이다.

※ 인가(人家) : 사람 인(人) 집 가(家)가로, 사람이 사는 집.
예 이 근처에는 人家가 보이지 않는다.

※ 주인(主人) : 주인 주(主) 사람 인(人)으로, 주인이 되는 사람.
예 이 집의 主人이 누구신가요?

4. 쓰임

* 그 친구는 공부도 잘하고, 운동도 잘하는데 **방약무인(傍若無人)**이라 친구들 사이에서 그다지 인기가 있지는 않다.

* 철부지 **방약무인(傍若無人)** 금수저 진석이는 콧대가 높았는데 중요한 약속을 지키지 못하는 바람에 망신을 당했다.

* 그는 **방약무인(傍若無人)**이라 보이는 게 없는지 어른들이 계신 자리에서도 제멋대로 굴어 분위기를 망치곤 했다.

* 지하철 노약자석에 앉은 건강한 젊은이가 자리를 양보하라는 어르신의 요구에도 **방약무인(傍若無人)**격으로 그대로 앉아 있었다.

5. '바를 정' 자를 표시하며 한자 열 번씩 소리 내어 읽으며 외우기

傍	若	無	人
곁 방	같을 약	없을 무	사람 인
正正	正正	正正	正正

6. 한자 따라 쓰며 익히기

12획	부수 亻	ノ 亻 亻 亻 亻 亻 亻 俨 俨 俨 傍 傍		
傍	傍			
곁 방				
9획	부수 艹	` 丷 屮 艹 艹 芢 芢 若 若		
若	若			
같을 약				
12획	부수 灬	ノ 丿 二 仁 仨 뜨 無 無 無 無 無		
無	無			
없을 무				
2획	부수 人	ノ 人		
人	人			
사람 인				

여덟째 마당 ⑤ 연목구어 緣木求魚

1. 한자 뿌리로 해석하기

緣₂	木₁	求₄	魚₃	나무(木)에 올라가서(緣) 물고기(魚)를 구함(求).
인연 연	나무 목	구할 구	물고기 어	

　나무에 올라가 고기를 잡으려고 한다는 뜻으로, 도저히 되지 않을 일을 고집스럽게 추구하거나 방법이 맞지 않음을 비유적으로 이르는 말이다.

2. 유래

　주나라가 흔들리던 춘추 시대에 공자가 '인(仁)'으로 세상을 구하려고 했다면, 맹자는 천하가 뿔뿔이 흩어진 전국 시대에 '의(義)'로운 왕도 정치로 천하를 구하려고 하였다.

　맹자는 제나라 선왕과 대화를 하던 중, 그가 천하를 통일하겠다는 큰 욕심을 품고 있음을 알았다. 맹자가 일부러 모른 척하면서 직접 왕에게 그 큰 욕심이 구체적으로 무엇인지 물어보았으나, 왕은 웃으면서 대답하지 않자 맹자가 이렇게 말했다.

　"저는 폐하의 큰 욕망을 알 수 있으니, 땅을 넓혀 진(秦)나라와 초(楚)나라의 조공을 받고 가장 강한 나라로 군림하여 사방의 오랑캐들을 지배하고 싶은 것이겠지요. 하지만 그것은 <u>나무에 올라가 고기를 구하는(緣木求魚)</u> 것과 같습니다. 나무에 올라가 물고기를 구하는 것은 비록 실패하더라도 재앙이 없지만 폐하처럼 무력으로 뜻을 이루려면 마음과 힘을 다하더라도 반드시 재앙이 있을 것입니다."

출전 : 『맹자』 양혜왕장구 상

3. 한자 뜯어보기

緣 인연 연

가는 실 멱(糸)과 판단할 단(彖)이 합해진 글자이다. 옷의 가장자리를 따라 실로 장식하는 것이 본래의 뜻이다. 옷의 가장자리는 외부와 연결되는 부위이므로 '인연'이라는 뜻으로 확대되었다.

※ 사연(事緣) : 일 사(事) 인연 연(緣)으로, 일이 그렇게 된 인연이나 까닭.
　예 네게 그런 事緣이 있었구나.
※ 인연(因緣) : 인할 인(因) 인연 연(緣)으로, 사람들 사이에서 맺어지는 관계.
　예 그는 그녀와 기이한 因緣으로 만났다.

木 나무 목

본래 '나무' 모양을 본떠 줄기, 가지, 뿌리를 그린 상형 문자이다.

※ 목간(木簡) : 나무 목(木) 대쪽 간(簡)으로, 종이가 없던 시절에 문서나 편지를 적던 나뭇조각.
　예 아주 옛날의 木簡이 지금도 일부 남아 있다고 한다.
※ 벌목(伐木) : 벨 벌(伐) 나무 목(木)으로, 나무를 벰.
　예 산에서 伐木하는 사람들을 봤다.

求 구할 구

가죽옷을 그린 그림에서 나온 글자로, 옛날 사람들이 모두 가죽옷을 구하고 싶어 하여 '구하다'라는 뜻이 나왔다.

※ 구도(求道) : 구할 구(求) 길 도(道)로, 불법의 도를 탐구함, 진리를 추구함.
　예 그는 求道의 길을 찾아 산으로 들어갔다.
※ 갈구(渴求) : 목마를 갈(渴) 구할 구(求)로, 목이 마를 정도로 애타게 구함.
　예 인류는 평화를 渴求한다.

魚 고기 어

물고기의 모양을 그린 그림 문자로, '고기'를 나타낸다.

 ※ 어선(魚船) : 고기 어(魚) 배 선(船)으로, 고깃배.

　　　예 어부들이 魚船을 타고 바다에서 고기를 잡는다.

※ 어류(魚類) : 물고기 어(魚) 무리 류(類)로, 물고기 무리.

　　예 시장에 魚類를 파는 곳이 많다.

4. 쓰임

* 새로운 기술력이 필요한 자리에 전문성이 없는 사람들을 임명하는 것은 **연목구어(緣木求魚)**와 같은 짓이다.

* 보육 문제를 제대로 해결하지 못한 상태에서 출산을 장려하는 정책은 **연목구어(緣木求魚)**나 다름없다.

* 남을 괴롭히면서 자기 행복만 추구한다면 그건 **연목구어(緣木求魚)**나 다름없다. 왜냐면 다 함께 사는 세상에서 나만 행복할 수는 없기 때문이다.

* 지금처럼 일자리도 구하기 힘든 상황에서 결혼과 출산을 기대하는 것은 **연목구어(緣木求魚)**와 같은 것이다.

* 운동도 안 하면서 계속 먹기만 하며 살을 빼겠다고 하니, 이런 것을 두고 **연목구어(緣木求魚)**라고 하는 것이 아닐까.

5. 유의어

상산구어(上山求魚) : 산 위에 올라가 물고기를 구한다는 뜻으로, 도저히 불가능한 일을 굳이 하려 함을 비유적으로 이르는 말이다.

사어지천(射魚指天) : 물고기를 잡으려고 하는데 강이 아니라 하늘을 향해 쏜다는 뜻으로, 불가능한 일을 하려 함을 이르는 말이다.

6. '바를 정' 자를 표시하며 한자 열 번씩 소리 내어 읽으며 외우기

緣	木	求	魚
인연 연	나무 목	구할 구	물고기 어
正正	正正	正正	正正

7. 한자 따라 쓰며 익히기

15획	부수 糸	ㄴ ㄴ ㄴ ㄴ ㅌ 糸 糸 紵 紵 紵 絡 絡 絡 緣 緣 緣		
緣 인연 연	緣			
4획	부수 木	一 十 才 木		
木 나무 목	木			
7획	부수 水	一 丁 寸 才 求 求 求		
求 구할 구	求			
11획	부수 魚	ㄱ ㄱ ㄱ ㄅ 角 角 角 魚 魚 魚 魚		
魚 물고기 어	魚			

아홉째 마당

가까이하지 않아야 할 사람들

감언이설

허무맹랑

적반하장

양상군자

근묵자흑

사람들은 다른 사람들과 어울려서 세상을 살아가야 한다. 그러나 세상에는 가까이해서 안 될 사람들도 분명히 있다. 가까이해야 할 사람과 가까이해선 안 될 사람이 있는 것이다.

무엇보다 사기꾼들을 조심해야 한다.　　　　　　　- 감언이설(甘言利說)

사기꾼들은 달콤한 말과 거짓 미소로 우리들에게 다가온다. 특히 많이 가진 부자들에게는 반드시 사기꾼이 달라붙는다. 그리고 그 달콤한 말과 미소로 혼을 빼놓고는 그들이 원하는 것을 빼앗아 간다. 내 것을 지키기 위해서라도 사기꾼을 멀리해야 한다.

다음으로 허황된 사람이다.　　　　　　　　　　- 허무맹랑(虛無孟浪)

이들은 아무런 실상이 없는 것을 과대 포장하여 그럴듯하게 사람을 속이려고 한다. 한마디로 속이 텅 빈 사람들이다. 속이 빌수록 겉을 더욱 포장하기 마련이다.

또한 자기가 잘못을 저지르고도 자기 잘못을 사과하기는커녕 오히려 상대방에게 덮어씌우는 사람들이다.　　　　　　- 적반하장(賊反荷杖)

이런 사람은 책임감이 없는 사람들로, 모든 것을 남 탓으로 돌린다. 자기가 없는 사람들이다.

또한 손버릇이 나쁜 사람들이다.　　　　　　　- 양상군자(梁上君子)

세 살 버릇이 여든까지 간다는 말이 있다. 한번 공짜로 남의 물건을 취하는

맛을 들이면 그 버릇을 쉽게 고치기 힘들다. 스스로의 땀과 힘으로 살아가는 건전한 사람이 되어야 한다.

아무튼 나쁜 사람들과는 가까이해서는 안 된다   - 근묵자흑(近墨者黑)

사람은, 특히 어린 학생들은 친구들을 따라 배운다. 이때는 부모보다 친구가 더욱 중요하게 여겨진다. 그러므로 학창 시절에는 정말 좋은 친구들과 함께해야 한다. 나쁜 친구들과 다니면 나도 모르게 나빠진다는 사실을 명심해야 한다.

먹물을 가까이하면 내가 검어진다!

1. 한자 뿌리로 해석하기

甘[1]	言[2]	利[3]	說[4]	달콤한(甘) 말(言)과 이로운(利) 말(說).
달 감	말씀 언	이로울 리	말씀 설	

　달콤한 말과 이로운 이야기라는 뜻으로, 남의 비위에 맞도록 꾸민 달콤한 말과 이로운 조건을 내세워 남을 속이려는 말이다.

2. 유래

　감언이설(甘言利說)은 말 그대로 달콤한 말과 이로운 말로 사람을 유혹하는 것을 말한다. 이는 공자가 말한 교언영색(巧言令色)과 거의 같은 말로 보인다.

　공자는 교언영색(巧言令色)을 이렇게 풀이하였다.

　"말을 듣기 좋게 하고 얼굴빛을 곱게 하는 사람은 인(仁)한 이가 적다."

　이 말은 겉으로 듣기 좋게 말하고, 표정을 꾸미는 사람의 마음속에는 진짜 그런 좋은 마음이 없다는 말이다. 즉 그런 사람은 쉽게 말해서 사기꾼이라는 말이다.

　공자는 이와 반대로 인(仁)에 가까운 사람은 '강의목눌(剛毅木訥)'이라 하고, 이렇게 풀었다.

　"강하고 굳세며 순박하고 어눌함이 인에 가깝다."

　이는 앞에서 말한 감언이설이나 교언영색과 정반대라 할 것이다. 즉 의지가 굳고, 자연스런 표정에, 말수가 적은 사람이 오히려 인격자라는 말이다.

－『논어』 학이편(學而篇)

3. 한자 뜯어보기

甘 달 감

입(口) 안에 단 음식을 물고 있는 모양으로, 아마 단것을 먹고 있는 중인지 '달다'라는 뜻이 나왔다.

※ 감수(甘受) : 달 감(甘) 받을 수(受)로, 어떤 것이나 달게 받아들임.
예 그는 공부를 게을리했으므로 시험에서 나쁜 점수를 받은 것을 甘受해야 했다.
※ 감로수(甘露水) : 달 감(甘) 이슬 로(露) 물 수(水)로, 단맛이 나는 이슬같이 깨끗한 물.
예 약수터에서 떠온 물이 甘露水같이 달고 맛이 있다.

言 말씀 언

본래 입에 피리 같은 악기를 물고 소리를 내는 모양을 그린 그림 문자이다. 소리가 '말하다'라는 뜻으로 바뀌고, 글자 모양도 지금처럼 되었다.

※ 언론(言論) : 말씀 언(言) 말할 론(論)으로, 말이나 글로 자기의 생각을 나타냄.
예 자유 민주 국가에서는 言論의 자유를 보장한다.
※ 언행(言行) · 말씀 언(言) 행할 행(行)으로, 밀과 행동.
예 그는 言行이 반듯하다.

利 이로울 리

벼 화(禾)와 칼 도(刂)가 합해진 글자이다. 칼(刀)로 벼(禾)를 베니 '이롭다', '날카롭다'는 뜻이 나왔다.

※ 이익(利益) : 이로울 리(利) 더할 익(益)으로, 이로운 것이 더해지는 것.

예 그는 그 사업으로 큰 利益을 얻었다.

※ 승리(勝利) : 이길 승(勝) 이로울 리(利)로, 싸움에서 이겨 이로움을 얻음. 겨루어 이김.

예 우리 팀은 모처럼 勝利의 기쁨을 맛보았다.

說 말씀 설

말씀 언(言) 변에 빛날 태(兌)가 붙은 글자이다. 이는 말(言)을 빛나게(兌) 해야, 즉 '말씀'을 좋게 해야 한다는 것이다.

※ 설명(說明) : 말씀 설(說) 밝을 명(明)으로, 말을 하여 분명하게 함.

예 그가 자세하게 說明해 주었다.

※ 설법(說法) : 말씀 설(說) 법 법(法)으로, 불법을 말함.

예 그 스님은 說法을 참 쉽게 하신다.

4. 쓰임

* 그는 큰돈을 벌게 해 준다며 온갖 감언이설(甘言利說)로 사람들을 불러 모아 놓고 투자할 것을 강요했다.

* 듣기 좋은 소리로 아첨을 하거나 감언이설(甘言利說)을 일삼는 사람을 가까이해서는 안 된다.

* 별주부는 용궁에 가면 큰 벼슬을 내리겠다며 토끼를 감언이설(甘言利說) 로 꾀어 자신의 등에 태웠다.

* 이번 일만 잘되면 모두가 외국으로 휴가를 떠날 수 있다고 했지만 실상 은 감언이설(甘言利說)일 뿐이다.

* 말만 번지르르하게 하는 사람의 감언이설(甘言利說)에 빠지면 큰 낭패 를 보게 된다.

5. '바를 정' 자를 표시하며 한자 열 번씩 소리 내어 읽으며 외우기

甘	言	利	說
달 감	말씀 언	이로울 리	말씀 설
正正	正正	正正	正正

6. 한자 따라 쓰며 익히기

5획	부수 甘	一 十 十 甘 甘		
甘 달 감	甘			
7획	부수 言	` 一 二 言 言 言 言		
言 말씀 언	言			
7획	부수 刂	´ 二 千 禾 禾 利 利		
利 이로울 리	利			
14획	부수 言	` 一 二 言 言 言 言 言 訲 訲 訲 訲 說		
說 말씀 설	說			

아홉째 마당 ② 허무맹랑 虛無孟浪

1. 한자 뿌리로 해석하기

虛¹	無²	孟³	浪⁴	터무니없이(虛無) 거짓되고 실속이 없다(孟浪).
빌 허	없을 무	맏 맹	물결 랑	

　말하기 어려울 만큼 텅 비고 거짓되어 실상이 없음을 뜻한다. 즉 터무니없이 허황되고 실속이 전혀 없음을 말한다.

2. 도움말

　지금은 옛날과 달리 사람들 사이에 의견이나 소식 등을 전하기에 아주 편리하다. 페이스북이나, 카톡이나, 트위터나, 유튜브 등등 온라인상에서 서로 간에 빠르게 의견과 정보들을 주고받을 수 있다.

　빛이 있으면 그림자가 있듯이, 이런 도구는 편리할 수도 있지만 불편할 수도 있다. 곧 사실이 아닌 허무맹랑한 거짓 정보를 올려 사람들을 곤란하게 하는 경우도 적지 않기 때문이다. 이런 수많은 거짓 정보들은 우리 사회를 불신 사회로 만들 수 있다.

　가장 정직해야 할 결혼 정보 회사도 거짓 정보를 올려서 결혼 당사자들을 울렸다는 기사를 읽은 적이 있다. 이혼한 사실을 숨기고, 학력을 속였다는 것이다. 그리고 선거전에서도 상대를 이기기 위하여 허무맹랑한 거짓말을 만들어 상대를 비난하는 경우도 없지 않다. 심지어 언젠가는 어떤 배우가 사망했다는 거짓 정보가 퍼져 본인은 물론 소속사도 황당해했다고 한다.

　이처럼 허무맹랑한 이야기들이 퍼지면, 본인은 물론 그 주변 사람들을 곤란하게 할 수 있다. 허무맹랑한 거짓말을 해서 남을 곤란하게 해서는 안 된다.

3. 한자 뜯어보기

虛 빌 허

호피 무늬 호(虍)와 언덕 구(丘)가 합해진 글자인데, 글자 모양이 조금 변해 지금처럼 되었다. 호랑이(虍)가 입을 크게 벌린 모습이고, 또한 옛날 언덕(丘)에다 굴을 파고 살았으므로, 속이 '비다'와 같은 뜻이 나왔다고 본다.

※ 허점(虛點) : 빌 허(虛) 점 점(點)으로, 허술한 점. 허술한 구석.
　예 그는 虛點이 없는 사람이다.
※ 공허(空虛) : 빌 공(空) 빌 허(虛)로, 속이 텅 빔. 헛됨.
　예 그는 空虛한 소리나 하는 실없는 사람이다.

無 없을 무

원래 갑골문에서 두 손에 깃털을 들고 춤추는 모양을 그린 글자이다. 춤을 출 때는 지위, 신분이나 남녀노소의 구분이 없다는 데서 '없다'라는 뜻이 나왔다고 본다.

※ 무상(無常) : 없을 무(無) 늘 상(常)으로, 늘 그대로인 것이 없음.
　예 인생은 無常한 것이야.
※ 무책임(無責任) : 없을 무(無) 꾸짖을 책(責) 맡길 임(任)으로, 책임이 없음.
　예 그는 無責任한 사람을 제일 싫어한다.

孟 맏 맹

아들 자(子)와 그릇 명(皿)이 합해진 글자로, '맏아들'의 뜻이다. 부모가 맏아들(子)에게 그릇(皿)을 전해 주었기 때문에 이런 뜻이 나왔다.

※ 맹춘(孟春) : 맏 맹(孟) 봄 춘(春)으로, 가장 이른 봄. 음력 정월 1월.
　예 아직 孟春이라 춥다.
※ 맹랑(孟浪) : 맏 맹(孟) 물결 랑(浪)로, 하는 짓이 만만히 볼 수 없을 만큼 똘똘하고 깜찍하다.
　예 그는 곧잘 孟浪하다는 소리를 듣는다.

浪 물결 랑

물 수(氵)와 좋을 랑(良)이 합해진 글자인데, 물(水)은 뜻을 나타내고 량(良)은 소리를 나타낸다. 이에서 '물결'이란 뜻이 나왔다.

※ 낭비(浪費) : 함부로 랑(浪) 쓸 비(費)로, 물처럼 함부로 씀.
　　예 돈을 浪費하지 않아야 하는 것처럼 어떤 일이 있어도 시간을 浪費해서는 안 된다.

※ 방랑(放浪) : 내칠 방(放) 물결 랑(浪)으로, 쫓겨나서 여기저기를 물결처럼 떠돌아다님. 혹은 정한 곳 없이 떠돌아다님.
　　예 김삿갓은 장원 급제를 하였으나 자신이 쓴 시가 자기 조부를 조롱하는 시임을 알고 벼슬을 그만두고 放浪 시인이 되었다.

4. 쓰임

* 평소 자기 이익에만 몰두하던 사람이 전 재산을 사회에 헌납한다고 하니 허무맹랑(虛無孟浪)하게 들릴 뿐이다.

* 신용 있는 그가 일부러 일을 그르쳤다는 말은 믿기지 않는 허무맹랑(虛無孟浪)한 헛소문이다.

* 그가 이번에는 기필코 일을 성사시키겠다고 했다면 그건 설득력 없는 허무맹랑(虛無孟浪)한 말이 아닐 것이다.

* 세르반테스가 쓴 작품에서 현실감 없는 허무맹랑(虛無孟浪)한 인물로 보이는 돈키호테는 사실 기존 질서를 부정하고 새로움을 추구하는 모험가였다.

* 모두가 열심히 공부하는 학교에서 단숨에 성적을 전교 상위권으로 끌어올리겠다는 그의 말은 실현 가능성이 거의 없는 허무맹랑(虛無孟浪)한 말로 들렸다.

5. '바를 정' 자를 표시하며 한자 열 번씩 소리 내어 읽으며 외우기

虛	無	孟	浪
빌 허	없을 무	맏 맹	물결 랑
正正	正正	正正	正正

6. 한자 따라 쓰며 익히기

12획	부수 虍	丶 卜 ヒ 广 卢 虍 虍 虚 虚 虚 虚 虚		
虛	虛			
빌 허				
12획	부수 灬	ノ ト ニ ㅌ 午 午 缶 無 無 無 無 無		
無	無			
없을 무				
8획	부수 子	⁊ 了 子 孑 予 舌 孟 孟		
孟	孟			
맏 맹				
10획	부수 氵	丶 丶 氵 氵 沪 沪 沪 浪 浪 浪		
浪	浪			
물결 랑				

1. 한자 뿌리로 해석하기

賊₁	反₂	荷₄	杖₃	도둑(賊)이 도리어(反) 몽
도둑 적	되돌릴 반	멜 하	몽둥이 장	둥이(杖)를 듦(荷).

　잘못한 사람이 도리어 잘한 사람을 나무라는 경우를 말한다. 즉 잘못한 사람이 잘못했다고 빌거나 미안해하기는커녕 오히려 화를 내면서 잘한 사람을 나무라는 어처구니없는 경우에 흔히 쓰이는 말이다.

2. 도움말

　조선 후기의 학자이자 시평론가인 홍만종(洪萬宗)의 문학평론집 『순오지(旬五志)』에 적반하장에 대한 풀이가 나온다. 이 책은 15일 만에 완성했다고 해서 『십오지(十五志)』라고도 한다.

　이 책은 조선 시대의 다른 책들과는 조금 다르다. 즉 책의 첫머리에서 단군의 사적을 여러모로 이야기하면서 시작하고 있다. 특히 단군의 신이한 통치가 우리 역사의 출발점이고, 단군이야말로 '우리 민족의 시조'라고 하는 고대사의 기본 인식을 보여 준다. 이렇게 우리의 역사가 오랜 연원을 가지고 줄기차게 전개되어 왔다는 사실을 이 책에서는 강조하고 있다.

　그 이후에도 신이한 행적이 계속되었다는 것을 밝혀 단군을 민족적 자부심의 근거로 삼고자 하였다. 이와 같은 관점에서 그는 우리 문화도 주체적으로 파악하고자 하였다. 이는 당시 중화주의적 사고방식을 극복한 것이라고 하겠다. 즉 당시 대부분의 학자들이 중국 문화의 유입이 우리 문화 발전을 결정하였다는 주장을 반박한 것이다.

나아가 홍만종은 이와 같은 우리 선조들의 당당한 기상을 잃어버리고 해마다 중국에 조공이나 바치고 있는 당시의 현실에 대하여 깊이 통탄하였다.

『순오지(旬五志)』에는 "적반하장은 도리를 어긴 사람이 오히려 스스로 성내면서 상대를 업신여기는 것을 비유한 말(賊反荷杖以比理屈者反自陵轢)"로 풀이되어 있다.

이처럼 적반하장(賊反荷杖)은 '방귀 뀐 놈이 성낸다.'는 속담처럼, 자기가 잘못해 놓고 오히려 남을 나무란다는 뜻이다.

3. 한자 뜯어보기

賊 도둑 적

조개 패(貝) 칼 도(刂, 刀) 창 과(戈)가 합해진 글자로, 칼(刂)과 창(戈)으로 돈(貝)을 빼앗는 '도적'을 말한다.

※ 역적(逆賊) : 거스를 역(逆) 도적 적(賊)으로, 자기 나라나 자기 임금에게 반역한 사람.
　　예 그는 逆賊으로 몰려서 참형을 받았다.
※ 해적(海賊) : 바다 해(海) 도둑 적(賊)으로, 바다에서 활동하는 도둑.
　　예 아직도 바다에 海賊이 출몰하여 사람들을 납치하여 몸값을 요구하는 일이 있다.

反 되돌릴 반

기슭 엄(厂)과 오른손 우(又)가 합쳐진 글자이다. 이는 손(又)을 거꾸로 뒤집는(厂) 모습으로, 뒤집으면 원래 모습과는 반대가 되기에 '반대'라는 뜻이 나왔다. 여기서 '되돌리다, 반대하다, 되돌아가다' 등의 뜻이 나왔다.

※ 반격(反擊) : 되돌릴 반(反) 칠 격(擊)으로, 적의 공격을 되받아침.
　　예 적이 反擊할 기미가 보인다.
※ 위반(違反) : 어길 위(違) 되돌릴 반(反)으로, 법이나 명령 등을 어기거나 지키지 않음.
　　예 그는 어릴 적부터 규칙을 잘 지키는 사람이어서 어른이 되어서도 교통 법규를 違反한 적이 없다.

荷 멜 하

풀 초(艹)와 어찌 하(何)가 합해진 글자인데, 풀 초(艹)에서 뜻을 취하고 어찌 하(何)에서 음을 취했다. 본래 '연꽃의 잎'을 말하나, 뒤에 '짊어지다'라는 뜻도 나왔다.

※ 하중(荷重) : 짐 하(荷) 무거울 중(重)으로, 짐의 무게. 어떤 물체의 무게.
　　예 1톤밖에 안 되는 조그마한 화물차가 어떻게 저 무거운 荷重을 견딜 수 있으려나.
※ 부하(負荷) : 질 부(負) 멜 하(荷)로, 짐을 짊어지거나 어깨에 멤.
　　예 생리적으로 정상 상태를 유지할 수 있는 범위 내의 負荷를 정상 負荷라 하며, 유지할 수 없는 負荷를 과부하(過負荷)라 한다.

杖 지팡이 장

나무 목(木) 변에 어른 장(丈)이 붙어서, 어른(丈)이 들고 다니는 나무(木) 즉 '지팡이'를 뜻한다.

※ 장형(杖刑) : 지팡이 장(杖) 형벌 형(刑)으로, 곤장으로 볼기를 치는 형벌.
　　예 옛날에는 杖刑이 있었으나 지금은 없어졌다.
※ 장독(杖毒) : 지팡이 장(杖) 독 독(毒)으로, 곤장을 맞아 생긴 독, 즉 그 자리가 헐어 생긴 상처.
　　예 옛날에는 곤장을 맞아 杖毒이 생기는 일이 많았다고 한다.

4. 쓰임

* 일본은 침략의 역사를 부정하고 **적반하장(賊反荷杖)**으로 독도를 자신의 땅이라고 주장했다.

* 자기 실수로 물건도 망가뜨리고 사고를 당하고서 도리어 치료비를 달라고 떼를 쓰니, **적반하장(賊反荷杖)**도 이런 작반하장이 없다.

* 강제 징용 피해자에게 사과나 배상은커녕 자신들은 아무런 책임이 없다는 일본의 태도는 **적반하장(賊反荷杖)**격이다.

* **적반하장(賊反荷杖)**도 유분수지, 가해자면서 자신이 도리어 피해자라며 거짓말까지 하다니!

* 그는 유명세를 빌려 쓴 돈은 갚지도 않고 도리어 상대방을 사기꾼으로 몰아세우며 **적반하장(賊反荷杖)**의 추태를 부렸다.

5. 유의어

주객전도(主客顚倒) : 주인과 손님의 위치가 서로 뒤바뀌었음. 주인과 손님이 서로 바뀌어 손님이 도리어 주인 행세를 한다는 뜻.

객반위주(客反爲主) : 손님이 오히려 주인 행세를 함.

6. '바를 정' 자를 표시하며 한자 열 번씩 소리 내어 읽으며 외우기

賊	反	荷	杖
도둑 적	되돌릴 반	멜 하	지팡이 장
正正	正正	正正	正正

7. 한자 따라 쓰며 익히기

13획	부수 見	Ｉ Ｎ Ｈ Ｈ Ｈ 貝 貝 貝 貯 貯 賍 賊 賊 賊		
賊	賊			
도둑 적				
4획	부수 又	ー 厂 反 反		
反	反			
되돌릴 반				
11획	부수 艹	' 艹 艹 艹 荷 荷 荷 荷 荷 荷		
荷	荷			
멜 하				
7획	부수 木	ー 十 才 才 杧 杖 杖		
杖	杖			
지팡이 장				

아홉째 마당 ④ 양상군자 梁上君子

1. 한자 뿌리로 해석하기

梁₁	上₂	君₃	子₄	들보(梁) 위(上)에 앉아 있는 군자(君子).
들보 양	위 상	임금 군	접미사 자	

들보 양   위 상   임금 군   접미사 자

들보(梁) 위(上)에 앉아 있는 군자(君子).

도둑을 점잖고 완곡하게 부르는 말.

2. 유래

중국 후한 때 진식이란 청렴하고 어진 관리가 있었다.

그가 밤늦게까지 대청에 앉아 공부를 하고 있는데 도둑이 들어와 대들보 위에 숨는 것을 보았다. 이 모습을 본 그는 모른 척하고 집안사람들을 대청으로 모두 불러 모았다. 그리고 이렇게 말했다.

"무릇 사람은 처음부터 나쁜 사람이란 없다. 다만 자라면서 습관이 잘못 들어서 마치 그것이 자신의 본성인 것처럼 되었을 뿐이다. 지금 대들보 위의 군자도 그래서 나쁜 짓을 하게 된 것이니, 너희들은 항상 습관을 잘 들이도록 해라."

이 모습을 본 도둑은 깜짝 놀라 대들보 위에서 내려와 진식에게 절하면서 사죄를 청하자, 진식이 말했다.

"네 얼굴을 보니, 본래 나쁜 짓을 할 상은 아니구나. 생활이 얼마나 어려웠으면 이런 짓을 했겠느냐. 이제부터 깊이 반성하고 나쁜 마음을 이겨 낸다면 앞으로 반드시 좋은 사람이 될걸세."

진식은 그에게 비단 두 필을 주며, 그것을 밑천 삼아서 장사를 하라고 하며 돌려보냈다.

이 소문이 퍼져서 이후 진식이 다스리는 고을에서는 도둑을 볼 수 없게 되었다고 한다.

– 출전 : 『후한서』

3. 한자 뜯어보기

梁 대들보 양

물 수(氵)와 건널 창(刅)과 나무 목(木)이 합해져서, 물을 건너가기 위한 '나무다리'가 원뜻이다. 이후 허공을 가로질러 걸쳐 놓은 '들보'라는 뜻으로도 쓰이게 되었다.

※ 교량(橋梁) : 다리 교(橋) 들보 량(梁)으로, 강을 건널 수 있게 만든 다리.
   예 한강에는 橋梁이 많다.

上 위 상

먼저 기준선(一)을 긋고 그 위에 점을 찍어 '위'를 나타내었는데, 모양이 변해 지금처럼 되었다.

※ 상납(上納) : 위 상(上) 바칠 납(納)으로, 윗사람에게 금품을 바침.
   예 남이 모르게 아랫사람에게 上納 받는 일은 좋지 않다.
※ 인상(引上) : 끌 인(引) 위 상(上)으로, 위로 끌어 올림.
   예 최근에 물가가 많이 引上되었다.

君 임금 군

다스릴 윤(尹)과 입 구(口)가 합해진 글자이다. 백성을 다스리기(尹) 위하여 명령(口)하는 '군주'를 뜻한다.

※ 군림(君臨) : 임금 군(君) 임할 림(臨)으로, 임금의 자리에 올라 나라를 다스림.
   예 그는 그 분야에서 제일인자로 君臨하고 있다.
※ 제군(諸君) : 모두 제(諸) 군자 군(君), 모든 군자. 여러분의 뜻으로, 손아랫사람에게 쓰는 말.
   예 諸君들은 모두 꿈이 있어야 한다.

子 접미사 자/아들 자

아이가 두 팔을 흔들고 있는 모습을 그려, '아들'을 나타냈다.

그러나 여기 양상군자(梁上君子)의 자(子)는 명사형을 만드는 접미사로 쓰였으니, 남자(男子), 여자(女子) 등이 그러하다.

※ 자식(子息) : 아이 자(子) 불어날 식(息)으로, 아들이 불어남. 자신의 아들과 딸의 총칭.
   예 그는 子息이 많은 것을 늘 자랑하고 다닌다.
※ 계자(季子) : 끝 계(季) 아들 자(子)로, 막내아들.
   예 그는 셋 중 季子이다.

4. 쓰임

* 강남 경찰서는 관내에서 활동하는 **양상군자(梁上君子)** 때문에 고민이다.

* 회기 내에 안건을 처리하지 않고 밀실에서 비밀리에 예산을 처리하는 국회 의원들의 태도는 **양상군자(梁上君子)**를 닮았다.

* 관리가 소홀한 틈을 타 공금을 횡령하는 **양상군자(梁上君子)**가 너무 많다.

* 서울 금은방에서 훔친 장물들을 부산에 가서 판 **양상군자(梁上君子)**가 범행 이틀 만에 경찰에 붙잡혔다.

5. '바를 정' 자를 표시하며 한자 열 번씩 소리 내어 읽으며 외우기

梁	上	君	子
들보 양	위 상	임금 군	아들 자
正正	正正	正正	正正

6. 한자 따라 쓰며 익히기

11획	부수 木	`丶丶氵汀汈汈汊淡梁` 梁梁		
梁	梁			
대들보 양				
3획	부수 一	丨 卜 上		
上	上			
위 상				
7획	부수 口	ㄱ ㄱ ㅋ 尹 尹 君 君		
君	君			
임금 군				
3획	부수 子	了 了 子		
子	子			
아들 자				

아홉째 마당 ⑤ 　근묵자흑 近墨者黑

1. 한자 뿌리로 해석하기

近[2]	墨[1]	者[3]	黑[4]	먹(墨)물을 가까이(近) 하
가까울 근	먹 묵	놈 자	검을 흑	는 사람(者)은 검어짐(黑).

　먹을 가까이하면 검어진다는 뜻으로, 나쁜 사람을 가까이하면 그 나쁜 버릇에 물들기 쉽다는 말.

　붉은색을 가까이하는 사람은 붉게 물들고 먹을 가까이하는 사람은 검게 물든다. 착한 사람과 사귀면 착해지고, 악한 사람과 사귀면 악해짐을 비유한 말이다.

2. 도움말

　무릇 쇠와 나무는 본래 일정한 형상이 없어 겉틀에 따라 모나게도 되고 둥글게도 된다. 도지개는 뒤틀린 활을 바로잡는 틀로, 도지개에 따라 습관과 성질이 길러진다.

　이런 까닭으로 붉은 인주를 가까이하면 붉게 되고, 검은 먹을 가까이하면 검게 된다(故近朱者赤 近墨者黑). 소리가 조화로우면 울림이 맑고, 형태가 곧으면 그림자 역시 곧다.

　이 말은 중국 진나라 때의 학자인 부현(傅玄)이 편찬한 잠언집 『태자소부잠(太子少傅箴)』에 나오는 말이다.

　원문은 ‘근주자적 근묵자흑(近朱者赤 近墨者黑)’이다. 즉 붉은 인주를 가까이하면 붉어지고 검은 먹물을 가까이하면 검어진다는 말로, 좋은 환경에 있거나 좋은 벗과 사귀면 자연히 주위 감화를 받아서 착한 사람이 되는 것을 비유한 말이다.

3. 한자 뜯어보기

近 가까울 근

쉬엄쉬엄 갈 착(辶)과 도끼 근(斤)이 합해진 글자로, 나무를 베려면 도끼 (斤)를 들고 나무 가까이 가야(辶)하므로 '가깝다'는 뜻이 나왔다.

※ 근친(近親) : 가까울 근(近) 친할 친(親)으로, 촌수가 가까운 친척.
　　예 우리나라는 近親 사이에 혼인을 금하고 있다.
※ 접근(接近) : 사귈 접(接) 가까울 근(近)으로, 가까이 닿음.
　　예 위험한 곳에는 接近하지 말아라.

墨 먹 묵

검을 흑(黑)과 흙 토(土)가 합해진 글자로, 검은(黑) 흙(土)으로 만든 것이 '먹'이라는 말이다.

※ 묵수(墨守) : 먹 묵(墨) 지킬 수(守)로, 자기 의견이나 생각을 굳게 지킴.
　　(옛날 묵자(墨子)가 성을 잘 지켜 초나라의 공격을 아홉 번이나 물리쳤다
　　는 데서 유래한다.)
　　예 자기 의견을 무조건 墨守해서는 안 된다.
※ 유묵(遺墨) : 남길 유(遺) 먹 묵(墨)으로, 생전에 남긴 서예 작품.
　　예 그는 생전에 주변 사람들에게 遺墨을 많이 남겼다.

者 사람 자

본래 솥에다 콩을 삶는 모습을 그렸다. 뒤에 윗부분의 콩이 늙을 노(耂)로 그려지고 아래 솥이 가로 왈(曰)로 바뀌어 지금처럼 되었다. '삶다'가 원래 뜻 이나, 뒤에 '-하는 사람, -하는 것'으로 의미가 바뀌었다.

※ 소비자(消費者) : 사라질 소(消) 쓸 비(費) 사람 자(者)로, 물건을 사용하는
　　사람.
　　예 요즘 消費者의 취향이 다양하다.

黑 검을 흑

얼굴에 묵형을 당한 사람의 모습을 그렸다. 묵형은 옛날에 비교적 가벼운 형벌로 얼굴에 문신을 새기는 벌이다. 뒤에 윗부분은 천장 창(囱)의 형태로, 아래는 불탈 염(炎)으로 바뀌어 불을 땔 때 창에 묻은 그을음을 나타내어 '검다'는 뜻이 나왔다.

※ 흑백(黑白) : 검을 흑(黑) 흰 백(白)으로, 검은빛과 흰빛. 잘한 것과 잘못한 것. 옳은 것과 그른 것.
　예 누가 잘했는지 黑白을 가려보자.
※ 흑자(黑字) : 검을 흑(黑) 글자 자(字)로, 수입이 지출보다 많아서 남은 돈. (장부에 모자란 것은 빨강, 남는 것은 검정 글자를 쓰는 것에서 유래.)
　예 그 회사는 올해 黑字를 봤다.

4. 쓰임

* 결석을 자주하는 친구랑은 가까이하지 마라. 근묵자흑(近墨者黑)이라고 나쁜 태도를 배우게 되니까.

* 근묵자흑(近墨者黑)이라고 주변 사람을 보면 그 사람을 알 수 있다. 나쁜 사람은 멀리하고 좋은 사람을 가까이해야 한단다.

* 이번 사건에 연루된 그 둘이 둘도 없는 친구라니 그야말로 근묵자흑(近墨者黑)이로구나.

* 근묵자흑(近墨者黑), 유유상종이라 사람은 끼리끼리 어울리게 되어 있다. 그러니 부디 너 자신부터 먼저 좋은 사람이 되어라.

5. 유의어

귤화위지(橘化爲枳) : 강남 귤을 강북에 심으면 탱자가 된다는 뜻. 사람도 환경에 따라 기질이 바뀐다는 말이다.

6. '바를 정' 자를 표시하며 한자 열 번씩 소리 내어 읽으며 외우기

近	墨	者	黑
가까울 근	먹 묵	사람 자	검을 흑
正正	正正	正正	正正

7. 한자 따라 쓰며 익히기

8획	부수 辶	一 厂 斤 斤 斤 近 近 近		
近	近			
가까울 근				
15획	부수 土	丶 口 口 口 四 甲 甲 罜 黑 黑 黑 黑 愚 墨 墨		
墨	墨			
먹 묵				
9획	부수 耂	一 十 土 耂 耂 者 者 者		
者	者			
사람 자				
12획	부수 黑	丶 口 口 口 四 甲 甲 罜 黑 黑 黑 黑		
黑	黑			
검을 흑				

열째 마당

세상사, 아무도 몰라요.

모든 종교에서는 신이 세상을 창조했다고 한다. 아마도 세상이 너무나 신비롭고 복잡다단하기 때문에 신이 아니고는 도저히 만들 수 없다고 생각했기 때문일 것이다. 그래서 우리처럼 불완전한 인간으로서는 세상을 다 이해하기란 거의 불가능하다고 하겠다.

사람들은 좋은 일이 일어나기를 바라는데, 좋은 일이 꼭 좋은 것만이 아니란다.

― 호사다마(好事多魔)

세상에서 빛은 항상 그림자와 같이 있듯이, 좋은 일은 항상 나쁜 일과 같이 있는 것이다. 어디서 읽었는데, 로또에 당첨되어서 잘된 사람보다는 잘못된 경우가 많다고 한다. 그래서 좋은 일이 일어날수록 조심해야 한다.

잘난 사람이 다 잘 되는 게 아니다.

― 가인박명(佳人薄命)

얼굴이 잘생긴 사람들이 다 잘 될 것 같지만 세상은 꼭 그런 것이 아니다. 만일 그렇다면 전 재산을 다 쏟아부어 모두 성형외과로 달려갈 것이다. 세상에는 잘생겨서 오히려 불행해진 사람들도 많다는 것을 알아야 한다. 그래서 생긴 대로 편하게 살면 되는 것이다.

사람은 자꾸 더 모으려고만 하는데, 많다고 꼭 좋은 게 아니다.

― 과유불급(過猶不及)

꽃나무에 물을 너무 많이 주면 뿌리가 썩어 죽는다, 비료를 너무 주어도 말라 죽는다. 모든 것은 적당해야 한다. 돈도 그렇다. 우리 속담에 '천석꾼 천 가지 걱정, 만석꾼 만 가지 걱정'이라는 말이 있다. 돈이 많으면 그만큼 걱정이 많다는 말이다. 방에 돈을 쌓아 두고 발 뻗고 잘 수 있겠는가!

혹 자기에게 화가 닥치더라도 너무 실망하지 마라. 왜냐하면 오히려 그것이 복이 될 수도 있기 때문이다.　　　　　　　　　　　　　- 전화위복(轉禍爲福)

세상은 변화가 무쌍한 곳이다. 그러므로 화가 변하여 복이 될 수도 있다. 몸이 약한 사람이 건강한 사람보다 오래 사는 경우가 많다. 그래서 옛말에 '골골팔십'이란 말이 있다. 어디 한 군데 아파서 골골하는 사람이 오래 산다는 말이다. 사실 주변에 보면 건강한 사람이 자기 건강을 과신하고 무리하다가 오히려 빨리 죽는 수가 많다.

복이 화가 되고, 화가 복이 된다.　　　　　　　　　　　　　- 새옹지마(塞翁之馬)

세상사, 아무도 모른다. 복이 바뀌어 화가 되기도 하고, 화가 바뀌어 복이 되기도 한다. 그러므로 화를 당했다고 절망할 필요도 없고, 복을 받았다고 교만해서도 안 된다.

낮이 가면 밤이 오고, 밤이 가면 낮이 온다!

1. 한자 뿌리로 해석하기

好	事₂	多₄	魔₃	좋은(好) 일(事)에는 마귀 (魔) 같은 것들이 많이(多) 낀다.
좋을 호	일 사	많을 다	마귀 마	

좋은 일에는 마귀가 많이 낀다는 뜻으로, 좋은 일에는 방해가 많이 따른 다는 말이다. 또한 좋은 일을 이루기 위해서는 많은 어려움을 겪어야 한다 는 것을 의미하는 말이기도 하다.

2. 도움말

이 말은 중국 금나라 때 희곡 작가인 동해원(董解元)이 지은 『서상기제 궁조(西廂記諸宮調)』에 나온다.

"참으로 이른바 좋은 시기는 얻기 어렵고, 좋은 일에는 많은 어려움이 따른다 (眞所謂佳期難得, 好事多磨)."

호사다마(好事多魔)는 글자 그대로, 좋은 일에는 마가 끼기 쉽다는 뜻이 다. 아마 옛날부터 좋은 일에는 꼭 마가 낀다고 사람들이 느껴 왔기 때문 에 이런 말이 나왔을 것이다.

이는 또한 좋은 일이 일어났을 때, 무턱대고 좋아하고 너무 들뜨지 말라 는 말이기도 하다. 즉 좋은 일에는 방해가 되는 일이 많이 생길 수 있으니 방심하지 말고 더욱더 경계하라는 뜻이다. 좋은 일이 많다 보면 주위 사람 들의 부러움이나 시기를 사는 일도 생기고 실수도 할 수 있으므로 좋은 일이 있을수록 행동을 삼가야 한다.

3. 한자 뜯어보기

好 좋을 호

여자 여(女)와 아들 자(子)가 합해진 글자로, 여자(女)가 아들(子)을 안고 있을 때가 가장 '좋다'는 뜻이다. 그냥 여자(女)와 남자(子)가 같이 있으니 '좋다'고 보아도 된다.

※ 호황(好況) : 좋을 호(好) 상황 황(況)으로, 여건이 좋은 상황.
  예 요즘 경기가 好況이다.
※ 호기심(好奇心) : 좋을 호(好) 기이할 기(奇) 마음 심(心)으로, 새롭거나 기이한 것을 좋아하는 마음.
  예 그는 好奇心이 많은 사람이다.

事 일 사

깃발을 걸고 어떤 일을 하는 모습에서 '일'을 뜻하게 되었다.

※ 사실(事實) : 일 사(事) 실제 실(實)로, 실제 있었거나 있는 일.
  예 그게 事實과 다르다.
※ 행사(行事) : 행할 행(行) 일 사(事)로, 일을 행함. 또는 그 일.
  예 가을에는 行事가 많다.

多 많을 다

저녁 석(夕)에 저녁 석(夕)이 합해진 글자로, 밤이 거듭되면 세월이 많이 흐른다는 뜻에서 '많다'가 나왔다.

※ 다수(多數) : 많을 다(多) 셀 수(數)로, 숫자가 많음.
  예 민주주의는 多數의 의견을 따른다.
※ 다행(多幸) : 많을 다(多) 행운 행(幸)으로, 행운이 많음. 일이 잘되어 좋음.
  예 사고나 났으나 상처가 나지 않아 多幸이다.

魔 마귀 마

삼 마(麻)에 귀신 귀(鬼)가 합해진 글자로, 삼 마(麻)에서 음을 취하고 귀신 귀(鬼)에서 뜻을 취했다. '마귀'를 나타낸다.

※ 마귀(魔鬼) : 마귀 마(魔) 귀신 귀(鬼)로, 못된 귀신. 악마.
　　예 그 사람은 魔鬼가 있다고 믿는다.
※ 마법(魔法) : 마귀 마(魔) 법 법(法)으로, 귀신같이 기이한 일을 행하는 술법.
　　예 그는 魔法을 행하는 기이한 사람이다.

4. 쓰임

* **호사다마(好事多魔)**라고, 곽씨 부인은 그렇게 기다리던 심청이를 낳고 산후조리가 잘못되었던지 몸져눕고 말았다.

* **호사다마(好事多魔)**라더니 멀쩡하던 사람이 딸 시집보내는 날 갑자기 쓰러질 일이 뭐야 그래.

* 세상에는 빛이 있으면 그림자가 있듯이, **호사다마(好事多魔)**라는 말은 진리라고 생각한다.

* 새집으로 이사 가서 좋다더니만 갑자기 병이 났으니, 이런 것을 두고 **호사다마(好事多魔)**라 할 수 있을까.

5. 유의어

호몽부장(好夢不長) : 좋은 일은 오래 계속되지 않는다는 뜻으로, 좋은 일이 일어난다 해도 방심하지 말라는 경계의 의미이다.

시어다골(鰣魚多骨) : 준치 고기에는 뼈가 많다는 뜻으로, 맛있는 고기일수록 뼈가 많아 먹을 때 수고가 따른다는 말이다.

6. '바를 정' 자를 표시하며 한자 열 번씩 소리 내어 읽으며 외우기

好	事	多	魔
좋을 호	일 사	많을 다	마귀 마
正正	正正	正正	正正

7. 한자 따라 쓰며 익히기

6획	부수 女	く　乜　女　好　好　好			
好	好				
좋을 호					
8획	부수 亅	一　ㄱ　ㄱ　ㄇ　ㅋ　ㅋ　ㅋ　事			
事	事				
일 사					
6획	부수 夕	ノ　ク　タ　多　多　多			
多	多				
많을 다					
21획	부수 馬	丶　亠　广　广　广　广　广　疒　疒　疒　疒　疒　疒　疒　疒　磨　磨　魔　魔　魔			
魔	魔				
마귀 마					

1. 한자 뿌리로 해석하기

佳[1]	人[2]	薄[4]	命[3]	아름다운(佳) 사람(人)은 명(命)이 짧음(薄).
아름다울 가	사람 인	엷을 박	목숨 명	

　아름다운 사람은 명(命)이 짧다는 뜻으로, 여자의 용모가 너무 아름다우면 운명이 기박하고 명이 짧다는 말이다. 즉 미인은 불행한 일이 따르기 쉽고 요절하기 쉽다는 의미이나, 이는 어디까지나 비유적 표현이지 실제 미인이 일찍 죽거나 불행한 일이 따른다는 말은 아니다.

2. 도움말

　중국 북송 후기 적벽부(赤壁賦)로 유명한 소동파의 시 「박명가인(薄命佳人)」에 이 말이 나온다. 그는 당송팔대가(唐宋八大家)의 한 사람으로, 뛰어난 시인이다.

　그가 지방 장관으로 있을 때, 우연히 절간에서 젊은 여승을 보고 그의 아름다운 모습과 우수에 젖은 듯한 표정을 보고 이 시를 지었다 한다. 그는 시인의 상상력을 빌려 그 스님의 아리따웠을 소녀 시절을 회상하며 이 시를 지었을 것이다. 그 여승이 너무 아름다웠으므로, 승려가 된 그녀가 안타까워 미인들의 박명함을 이야기한 것이 아닌가 생각된다.

　그의 시를 한번 읽어 보기로 한다.

　　우윳빛 두 볼에 옻같이 까만 머리
　　발 사이로 비치는 눈빛은 구슬처럼 빛나네.
　　흰 비단으로 선녀의 옷을 지으니
　　타고난 아름다움에 붉은 연지조차 필요 없네.
　　오나라 말소리는 귀엽고 부드러워 아직 애띤데,

그 속에 깊이 담긴 수심을 도무지 알 수 없네.

예로부터 <u>아름다운 사람은 대개 운명이 기박하다</u>지만,

문을 닫은 채 봄이 다 가면 버들꽃도 떨어지겠지.

동양 최고의 미인으로 알려진 '양귀비'가 '안녹산의 난' 중에 군인들에게 무참하게 살해당한 것을 두고 사람들은 '가인박명'의 대표적인 사례로 꼽고 있다.

우리나라 속담에도 '일색(一色) 소박은 있어도 박색(薄色) 소박은 없다.'는 말이 있다.

일색은 아름다운 여자를 말하고, 박색은 못난 여자를 말한다. 이 속담에서도 미인의 운명이 기박할 수 있음을 말하고 있다. 아마도 아름다운 여자들은 흔히 잘난 체를 하므로 남편에게 소박을 잘 당했다고도 생각해 볼 수 있겠다.

그러므로 미인박명(美人薄命)이란 말은 결국 남보다 뛰어나더라도 겸손하라는 말이 되겠다.

3. 한자 뜯어보기

佳 아름다울 가

사람 인(亻) 변에 홀 규(圭)가 합해진 글자이다. 홀(圭)을 지닌 신분이 높은 사람(亻)을 뜻한다. 여기서 '아름답다, 좋다, 만족스럽다' 등의 뜻이 나왔다. 옥으로 만든 홀은 예전 중국에서 천자가 제후를 봉하거나 신을 모실 때 썼다고 한다.

※ 가인(佳人) : 아름다울 가(佳) 사람 인(人)으로, 아름다운 사람. 잘난 사람.
　　예 그녀는 미모가 뛰어난 佳人이다.

※ 가작(佳作) : 좋을 가(佳) 지을 작(作)으로, 좋은 편에 속하는 작품.
　　예 내 작품이 이번 미술 대회에서 佳作으로 뽑혔다.

人 사람 인

イ

'남자 어른'의 옆모습을 그린 상형 문자이다.

※ 인사(人事) : 사람 인(人) 일 사(事)로, 사람이 해야 할 일로 예의를 차리는 일.

예 사람은 항상 人事를 잘해야 사람대접을 받는다.

※ 인정(人情) : 사람 인(人) 뜻 정(情)으로, 세상 사람의 마음.

예 경제가 어려워지자 사람들의 人情이 각박해졌다.

薄 엷을 박

풀 초(艹)와 넓을 부(溥)가 합해진 글자이다. 넓은(溥) 풀(艹)잎은 얇아서 '얇다, 엷다, 약하다' 등의 뜻이 나왔다.

※ 경박(輕薄) : 가벼울 경(輕) 엷을 박(薄)으로, 말과 행실이 가볍고 신중하지 못하고 가벼움.

예 사람이 輕薄하면 못쓴다.

※ 박빙(薄氷) : 엷을 박(薄) 얼음 빙(氷)으로, 아주 얇은 살얼음.

예 이번 축구 경기는 薄氷의 승부가 펼쳐질 것이다.

命 목숨 명

우두머리 령(令)과 입 구(口)가 합해진 글자로, 우두머리(令)의 입(口)에서 나오는 '명령'이다. 이로부터 '시키다'가 나오고, 하늘의 명령이 '목숨'이라는 뜻도 나왔다.

※ 명령(命令) : 명할 명(命) 시킬 령(令)으로, 명령을 내려 시킴. 윗사람이 아랫사람에게 무엇을 하도록 시킴.

예 그는 부하들에게 命令을 내렸다.

※ 운명(運命) : 운수 운(運) 목숨 명(命)으로, 운수와 천성.

예 우리가 만난 것은 運命이다.

4. 쓰임

* 그녀가 갑자기 세상을 떠나다니, **가인박명(佳人薄命)**이라는 말이 틀린 말이 아니구나.

* **가인박명(佳人薄命)**이란 말은 잘생긴 사람을 시기해서 생긴 말이 아닐까?

* 성형외과에 사람들이 넘치는 것을 보면, 사람들이 **가인박명(佳人薄命)**이란 말을 믿기는 하는 걸까.

* **가인박명(佳人薄命)**이 사실이라면, 그렇지 않는 여자는 오래 산다는 말인가?

5. 유의어

미인박명(美人薄命) : 미인은 흔히 불행하거나 병약하여 요절하는 일이 많다는 말이다. 가인박명(佳人薄命)과 같은 말이다.

홍안박명(紅顏薄命) : 얼굴에 복숭앗빛을 띤 예쁜 여자는 팔자가 사납다는 뜻으로 이르는 말이다.

6. '바를 정' 자를 표시하며 한자 열 번씩 소리 내어 읽으며 외우기

佳	人	薄	命
아름다울 가	사람 인	엷을 박	목숨 명
正正	正正	正正	正正

7. 한자 따라 쓰며 익히기

8획	부수 亻	ノ イ 仁 仟 住 佳 佳 佳		
佳	佳			
아름다울 가				
2획	부수 人	ノ 人		
人	人			
사람 인				
17획	부수 艹	丶 丷 艹 节 节 苎 苎 芦 芦 芦 苎 蒲 蒲 蓮 蓮 薄 薄		
薄	薄			
엷을 박				
8획	부수 口	ノ 人 人 人 合 合 命 命		
命	命			
목숨 명				

열째 마당 ③ 과유불급 過猶不及

1. 한자 뿌리로 해석하기

過1	猶4	不3	及2
지나칠 과	같을 유	아니 불	미칠 급

지나침(過)은 미치지(及) 못함(不)과 같다(猶).

지나친 것은 미치지 못함과 같다는 뜻으로, 지나침은 부족함과 마찬가지라는 말이다. 넘치지도 않고, 그렇다고 부족하지도 않는 중용(中庸)이 좋다는 말이다.

2. 도움말

자공이 공자에게 물었다.

"자장과 자하 중에 누가 낫습니까?"

공자가 말했다.

"자장은 지나치고, 자하는 미치지 못한다."

자공이 다시 물었다.

"그러면 자장이 낫다는 말씀입니까?"

공자가 말했다.

"지나침은 미치지 못함과 같다(過猶不及)."　　　　　– 출전 : 『논어』 선진편

우리는 대개 부족한 것만을 문제 삼는데, 이 말에서 보듯이 공자는 지나친 것도 미치지 못하는 것도 완전하게 보지 않았다. 공자는 지나치지도 모자라지도 않는 적당한 상태를 이상적으로 생각했다. 그 상태가 바로 중용(中庸)이다.

3. 한자 뜯어보기

過 지나칠 과

쉬엄쉬엄 갈 착(辶)과 입 비뚤어질 와(咼)가 합해진 글자이다. 갑골문에서는 '잘못, 재앙' 등의 뜻으로 쓰였고, 이후 '지나치다, 넘어서다, 과거' 등의 뜻이 나왔다.

※ 과거(過去) : 지날 과(過) 갈 거(去)로, 지나간 그때. 지난번.
　　예 그는 지나간 過去를 잊지 못하고 있다.
※ 통과(通過) : 통할 통(通) 지날 과(過)로, 일정한 장소나 시간을 통과하여 지나감.
　　예 외국을 갈 경우 상대의 국경을 通過해야 한다.

猶 오히려 유

개 견(犬, 犭) 변에 우두머리 추(酋)가 붙어서, 원숭이류에 속하는 짐승을 나타냈다. 그 동물이 원숭이와 비슷해서인지, 이후 '비슷하다, 같다'는 뜻이 나왔고, '오히려'라는 부사로도 쓰인다.

※ 유예(猶豫) : 오히려 유(猶) 미리 예(豫)로, 일을 뒤로 미룸.
　　예 그 일을 猶豫시키면 안 된다.
※ 유태교(猶太教) : 오히려 유(猶) 클 태(太) 가르칠 교(教)로, 유태인의 종교.
　　예 그는 猶太教 신자이다.

不 아닐 불

 이 글자의 어원에 대해서는 의견들이 분분하다. 『설문해자』라는 책에서는 새가 하늘을 날아오르는 모습을 그린 것인데, 올라가서 내려오지 않았기에 '아니다'라는 부정의 뜻이 나왔다고 한다.

※ 불안(不安) : 아닐 불(不) 편안할 안(安)으로, 편안하지 않음.
　　예 사람들이 不安해하면 건강에 좋지 않다고 한다.

※ 부족(不足) : 아닐 부(不) 넉넉할 족(足)으로, 넉넉하지 않음.
예 나는 요즘 바빠서 운동이 不足하다.

及 미칠 급

 　사람 인(人)과 오른손 우(又)가 합해져서, 갑골문에서는 앞에 가는 사람(人)을 뒤에서 손(又)으로 잡는 그림이다. 여기서 '잡다, 미치다, 이르다' 등의 뜻이 나왔다.

※ 보급(普及) : 넓을 보(普) 미칠 급(及)으로, 많은 사람들에게 골고루 널리 미치게 함.
예 나라를 위해 애국정신을 널리 普及해야 한다.
※ 언급(言及) : 말씀 언(言) 미칠 급(及)으로, 말이 어디에까지 미침. 어떤 문제에 대하여 말함.
예 그는 자신의 잘못에 대해 言及하지 않았다.

4. 쓰임

* 공자도 **과유불급(過猶不及)**이라 했으니, 무슨 일이나 너무 지나친 것은 좋지 않은 것이다.

* **과유불급(過猶不及)**이라고, 자식 사랑도 너무 지나치면 부족한 것보다 못할 수 있다.

* **과유불급(過猶不及)**이라고, 아무리 잘못을 했어도 그 잘못을 너무 지나치게 따지는 것도 조심할 일이다.

* 공자의 **과유불급(過猶不及)**이라는 말은 결국 중용과 같은 말이 아닐까?

* 누구나 모든 일을 적당히 해야 하는 것을 알지만, 그렇게 하는 것이 쉬운 일은 아니다. 그래서 **과유불급(過猶不及)**이란 말이 생겼는지 모른다.

5. '바를 정' 자를 표시하며 한자 열 번씩 소리 내어 읽으며 외우기

過	猶	不	及
지날 과	오히려 유	아니 불	미칠 급
正正	正正	正正	正正

6. 한자 따라 쓰며 익히기

13획	부수 辶	丨 冂 冂 冎 咼 咼 咼 咼 咼 渦 渦 渦 過		
過	過			
지날 과				
12획	부수 犭	丿 犭 犭 犭 犭 犭 犭 猶 猶 猶 猶 猶		
猶	猶			
오히려 유				
4획	부수 一	一 ア 不 不		
不	不			
아니 불				
4획	부수 又	丿 ア 及 及		
及	及			
미칠 급				

1. 한자 뿌리로 해석하기

轉²	禍¹	爲⁴	福³	재앙(禍)이 바뀌어(轉) 도리어 복(福)이 됨(爲).
옮길 전	재앙 화	할 위	복 복	

　화가 바뀌어 오히려 복이 된다는 뜻으로, 어떤 불행한 일이라도 강인한 의지로 끊임없이 노력하면 불행을 행복으로 바꾸어 놓을 수 있다는 말이다. 또한 지금 재앙으로 여겨지는 일도 언젠가 복이 될 수도 있고, 지금 복으로 생각하는 일도 언젠가 화가 될 수 있으니 현재 상황에 너무 연연해하지 말고 늘 평온하게 살라는 의미도 담겨 있다 하겠다.

2. 도움말

　중국 춘추 전국 시대에 합종책으로 6국, 곧 한, 위, 조, 연, 제, 초의 재상을 겸임했던 종횡가 소진은 이 말을 했다.

　"옛날에 일을 잘 처리했던 사람은 '화를 바꾸어 복이 되게 했고(轉禍爲福)' 실패한 것을 바꾸어 공이 되게 했다."

　이 말은 어떤 불행한 일이라도 강인한 의지로 끊임없이 노력하면 불행을 행복으로 바꾸어 놓을 수 있다는 말이다.　　　- 출처 : 『사기』 관안열전

3. 한자 뜯어보기

　轉 구를 전

　수레 거(車)와 오로지 전(專)이 합해진 글자로, 수레 거(車)는 뜻을 나타내고 오로지 전(專)은 소리를 나타낸다. 한 글자 안에서 뜻과 소리를 나타

내는 말이 모여 한 글자가 된 이것을 형성자라고 한다. 수레(車)를 이용하여 옮기므로 '옮기다, 구르다, 이동하다' 등의 뜻이 나왔다.

※ 운전(運轉) : 돌 운(運) 구를 전(轉)으로, 기계나 도구를 돌아가게 함.
   예 안전 運轉이 최고다.
※ 이전(移轉) : 옮길 이(移) 구를 전(轉)으로, 주소지를 다른 곳으로 옮김. 권리 따위를 넘겨주거나 넘겨받음.
   예 집을 사면 등기를 移轉해야 한다.

禍 재앙 화

보일 시(示)와 입 비뚤어질 와(咼)가 합해진 글자로, 신(示)이 내린 '재앙'이란 뜻이다.

※ 화근(禍根) : 재화 화(禍) 뿌리 근(根)으로, 재앙의 근원.
   예 큰일을 도모할 때는 신중을 기하여야 하지만 뒤탈이 없도록 먼저 禍根을 없애야 한다.
※ 설화(舌禍) : 혀 설(舌) 재화 화(禍)로, 말로 생기는 재앙.
   예 말을 많이 하게 되면 舌禍를 당할 확률이 크다.

爲 할 위

손톱 조(爫)와 코끼리 상(象)이 합해진 글자이다. 손(爪)으로 코끼리(象)를 부려 일을 시키는 모습을 그려, '하다'라는 뜻이 나왔다. 뒤에 코끼리 상(象)자가 바뀌어 지금처럼 되었다.

※ 위인(爲人) : 할 위(爲) 사람 인(人)으로, 사람의 됨됨이.
   예 그 사람은 爲人이 좀 그렇다.
※ 행위(行爲) : 행할 행(行) 할 위(爲)로, 행동을 함. 특히 자유의사에 따라 하는 행위를 말한다.
   예 사람은 자기 行爲에 따른 책임을 져야 한다.

福 복 복

볼 시(示)와 가득할 복(畐)이 합해져서, 신(示)에게 술이 가득 든 항아리(畐)를 드리며 소원을 비는 데서 '복'이란 뜻이 나왔다.

※ 복음(福音) : 복 복(福) 소리 음(音)으로, 복 받을 소식. 예수의 가르침.
  예 그는 福音 성가 부르기를 좋아한다.
※ 명복(冥福) : 어두울 명(冥) 복 복(福)으로, 죽은 뒤 저승에 가서 받는 복.
  예 삼가 고인의 冥福을 빕니다.

4. 쓰임

* 어려움을 전화위복(轉禍爲福)의 기회로 삼는 현명한 사람이 되자.

* 그는 지금 사업을 해서 크게 성공했으니, 그때 직장에서 쫓겨난 게 오히려 전화위복(轉禍爲福)이 된 셈이다.

* 그는 전화위복(轉禍爲福)이란 말을 믿고, 그때 실패했지만 좌절하지 않고 열심히 노력해서 기어이 성공했다.

* 전화위복(轉禍爲福)을 새옹지마와 같은 말로 볼 수 있을까?

* 전화위복(轉禍爲福)이란 말만 믿고 그는 실패를 두려워하지 않는다.

나쁜 일이 오히려 좋은 일이 될 수도

있다.

5. '바를 정' 자를 표시하며 한자 열 번씩 소리 내어 읽으며 외우기

轉	禍	爲	福
구를 전	재앙 화	할 위	복 복
正 正	正 正	正 正	正 正

6. 한자 따라 쓰며 익히기

18획	부수 車	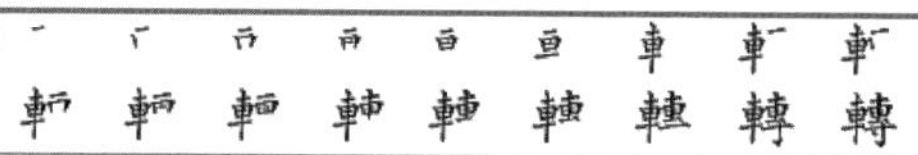		
轉	轉			
구를 전				
14획	부수 示	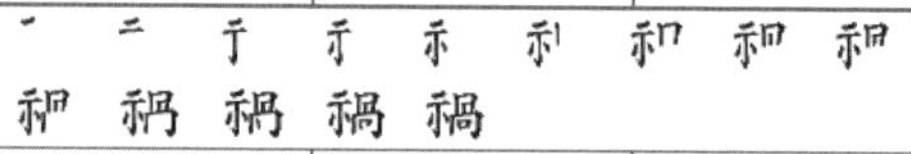		
禍	禍			
재앙 화				
12획	부수 爫	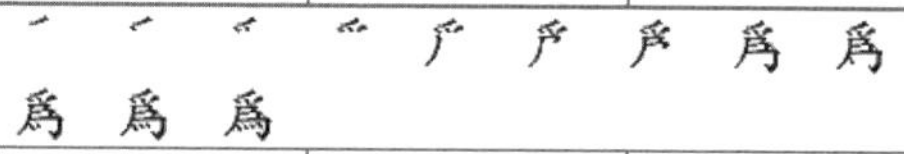		
爲	爲			
할 위				
14획	부수 示	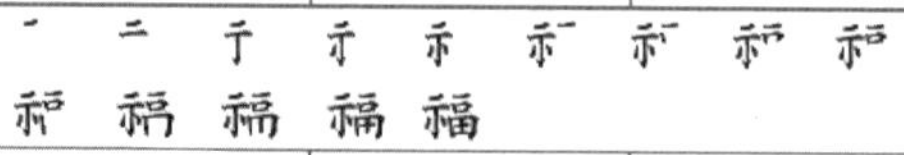		
福	福			
복 복				

열째 마당 ⑤ 새옹지마 塞翁之馬

1. 한자 뿌리로 해석하기

塞¹	翁²	之³	馬⁴	변방(塞)에 사는 늙은이
변방 새	늙은이 옹	어조사 지	말 마	(翁)의(之) 말(馬).

변방에 사는 늙은 노인의 말이라는 뜻으로, 세상만사 변화가 많아 어느 것이 복이 되고, 어느 것이 화가 될지 아무도 예측할 수 없다는 말이다.

2. 도움말

옛날 중국 북쪽 변방에 한 노인이 살고 있었다.

어느 날 이 노인이 기르던 말이 멀리 달아나 버렸다. 마을 사람들이 이를 위로했지만 노인은 태연하게 말했다.

"오히려 복이 될지 누가 알겠소."

몇 달이 지난 어느 날 그 말이 한 필의 준마(駿馬)를 데리고 돌아왔다. 마을 사람들이 이를 축하했다. 그러자 노인은 오히려 불안하게 대답했다.

"도리어 화가 되는지 누가 알겠소."

그런데 어느 날 말타기를 좋아하는 노인의 아들이 그 말을 타나가 떨어져 다리가 부러졌다. 마을 사람들이 이를 걱정하며 위로했다. 하지만 노인은 역시 태연하게 말했다.

"이것이 또 복이 될지 누가 알겠소."

그로부터 1년이 지난 어느 날 마을 젊은이들은 씨움터로 불려 나가 대부분 죽었다. 그러나 노인의 아들은 말에서 떨어진 후 절름발이가 되었기 때문에 전쟁에 나가지 않아 죽음을 면하게 되었다.　— 출전 : 회남자(淮南子)

이처럼 새옹지마(塞翁之馬)는 인생의 길흉화복이 늘 바뀌어 변화가 많음을 이르는 말이다. 그래서 좋은 일이 있다고 기뻐할 일만도 아니고, 나쁜 일이 있다고 슬퍼할 일만은 아니라는 것이다. 모두 하늘에 맡기고 마음 편하게 살 일이다.

3. 한자 뜯어보기

塞 변방 새

터질 하(寒)와 흙 토(土)가 합해져서, 터진(寒) 곳을 흙(土)으로 메워 외부의 침입을 막기 위해 성을 쌓아 놓은 '변방'을 말한다. '막다'의 뜻일 때는 '색'으로 읽는다.

※ 발본색원(拔本塞源) : 뽑을 발(拔) 뿌리 본(本) 막을 색(塞) 근원 원(源)으로, 잘못된 근본 뿌리를 뽑고 근원을 아주 막아 버림.
　예 나쁜 습관은 拔本塞源해야 한다.

翁 늙은이 옹

높은 사람 공(公)과 깃 우(羽)가 합해진 글자이다. 화려한 깃털(羽)로 장식한 높은 남자(公 : 공은 남자의 높임말)로 '아버지'를 의미하고, 나아가 '나이 든 사람'의 존칭이 되었다.

※ 노옹(老翁) : 늙은이 로(老) 늙은이 옹(翁)으로, 늙은이.
　예 요즘은 옛날보다 老翁들이 눈에 많이 띈다.
※ 옹고(翁姑) : 늙은이 옹(翁) 시어머니 고(姑)로, 시아버지와 시어머니를 함께 이르는 말.
　예 그녀는 요즘 젊은이와 다르게 翁姑를 잘 모시고 있다.

之 어조사 지

여기서는 무엇 '-의'라는 뜻의 관형격 조사로 쓰였다.

馬 말 마

 갑골문에서는 말의 긴 머리와 갈기와 발과 꼬리를 모두 사실적으로 그려 '말'을 나타낸 그림 문자이다.

※ 기마(騎馬) : 말탈 기(騎) 말 마(馬)로, 말을 탐.

  예 騎馬 자세를 취해 보아라.

※ 낙마(落馬) : 떨어질 락(落) 말 마(馬)로, 말에서 떨어짐.

  예 그는 이번에 落馬해서 다리를 다쳤다.

4. 쓰임

* 인간사는 새옹지마(塞翁之馬)라 아무도 그 결과는 모른다.

* 지금은 어렵지만, 새옹지마(塞翁之馬)라는 말이 있듯이 참고 기다리면 좋은 날도 오겠지.

* 그때는 여러 가지 형편으로 대학을 갈 수 없어 어쩔 수 없이 장사를 했지만, 크게 성공하고 보니 새옹지마(塞翁之馬)라는 말이 딱 맞는구나.

* 사람이 어려운 일을 당하면 새옹지마(塞翁之馬)란 말을 떠올리면서 새로운 희망을 꿈꾼다.

* 세상사 새옹지마(塞翁之馬)라면 성공을 위해 구태여 노력할 필요가 있을까?

5. 유의어

화전위복(禍轉爲福) : 재앙이 바뀌어서 도리어 복이 됨.

새옹화복(塞翁禍福) : 한때의 복이 장래에는 도리어 해가 되기도 하고, 화가 도리어 복이 되기도 함. 새옹지마(塞翁之馬)와 같은 말이다.

6. '바를 정' 자를 표시하며 한자 열 번씩 소리 내어 읽으며 외우기

塞	翁	之	馬
변방 새	늙은이 옹	어조사 지	말 마
正正	正正	正正	正正

7. 한자 따라 쓰며 익히기

13획	부수 土	丶 丶 宀 宀 宀 宙 宙 宩 寒 寒 寒 寒 塞		
塞	塞			
변방 새				
10획	부수 羽	丿 八 公 公 夲 夲 翁 翁 翁 翁		
翁	翁			
늙은이 옹				
4획	부수 丿	丶 丶 亠 之		
之	之			
어조사 지				
10획	부수 馬	丨 厂 厂 丌 丐 馬 馬 馬 馬 馬		
馬	馬			
말 마				

열한째 마당

날마다 새 출발을!

안거위사

개과천선

쾌도난마

주마가편

극기복례

오늘은 항상 오늘이다. 어제는 오늘의 어제였고, 내일은 내일의 오늘이다. 오늘뿐이다. 오늘 태어나서 오늘 살다가 오늘 죽는다. 그러므로 항상 오늘 새 출발을 해야 한다.

오늘 편안할 때 혹시 모를 내일의 위험을 생각해야 한다.
— 안거위사(安居危思)

오늘 편안하다고 늘 편안하다 생각하는 사람은 어리석은 사람이다. 낮이 지나면 밤이 오듯이, 세상은 항상 바뀔 수 있는 것이다. 그러므로 편안할 때일수록 위험이 닥쳐올 것을 미리 생각하고 대비해야 하는 것이다.

사람은 불완전하므로 늘 잘못을 저지른다. 그때그때 그 잘못을 고쳐 나가야 한다.
— 개과천선(改過遷善)

사람이기 때문에 우리는 잘못을 저지를 수 있다. 그러나 잘못은 죄가 아니다. 잘못을 고치지 않는 것이 죄다. 늘 회개하는 마음으로 살아야 한다. 예수도, 처음 한 말씀이 '회개하라'는 말이었다. 회개하면 신도 모든 것을 용서해 주는 것이다.

잘못은 단칼에 쳐부수어 고쳐야 한다.   — 쾌도난마(快刀亂麻)

오늘 잘못을 내일 고치겠다고 미루는 일은 없어야 한다. 우리에게 내일은 없다. 다만 오늘이 있을 뿐이다. 오늘 당장 잘못을 단칼에 베어 버려야 한다. 그래야 늘 새 출발을 할 수 있다.

오늘 더욱더 열심히 살아야 한다.   — 주마가편(走馬加鞭)

일을 할 때는 그냥 해서는 안 된다. 가속도를 붙여서 일해야 한다. 가속도가 붙으면 일의 능률이 배가된다. 그러나 가속도를 붙이기까지는 힘껏 페달을 밟아야 한다. 일단 가속도가 붙으면 힘을 덜 들이고도 더 빨리 갈 수 있다. 걸어가는 사람은 가속도가 붙은 사람을 영원히 따라갈 수 없다.

세상 모든 일은 결국 나와의 싸움이다.　　　　　- 극기복례(克己復禮)

나를 이기는 것은 성을 쳐서 빼앗는 것보다 더 어렵다고 했다. 나를 이기고 근본 자리로 돌아갈 때 내가 완성된다. 무엇보다 우선 나를 이기자.

가속도 인생!

1. 한자 뿌리로 해석하기

安1	居2	危3	思4	편하게(安) 살면서(居) 위태로움(危)이 올 것을 생각함(思).
편안할 안	살 거	위태할 위	생각할 사	

　편안할 때일수록 위험한 일이 닥칠 때를 생각하여 미리 준비하고 대비하여야 함을 이르는 말이다.

2. 도움말

　『주역』〈괘사전〉에 안거위사(安居危思)와 유사한 이런 구절이 나온다.

　공자가 말했다.

　"위태로울까 염려하는 자는 그 자리를 편안히 할 것이요, 망할까 걱정하는 자는 그 존재함을 보존할 것이요, 어지러울까 염려하는 자는 그 다스림이 있을 것이니, 이런 까닭으로 <u>군자가 편안하되 위태함을 잊지 아니하며(安而不忘危)</u>, 존재하되 망할 것을 잊지 아니하며, 다스리되 어지러워짐을 잊지 않느니라. 이로써 몸이 편안하여 국가를 보존할 수 있을지니, 『주역』에 말하기를 '그러니까 망할까 걱정하여야 커다란 뽕나무에 매단 것과 같다'라 하느니라."

　안거위사(安居危思)란 편안할 때일수록 위험해질 것을 생각해야, 그 편안함이 오래간다는 말이다.

　이는 『주역』에서 말하듯이, 망하면 어떻게 하나 하고 걱정해야 큰 뽕나무에 매달린 것처럼 안심이 된다는 말이다. 왜 뽕나무냐고? 뽕나무는 나무 중에 뿌리가 가장 질기고 단단하기 때문이다.

입학 시험에 떨어질지 모른다고 걱정하며 공부를 열심히 하면 합격할 수 있다. 그러나 떨어질지 모른다는 걱정을 하지 않고 놀면 어떻게 될까?

3. 한자 뜯어보기

安 편안할 안

집 면(宀)자 안에 여자 여(女)자를 넣은 글자이다. 여자(女)가 집(宀)에 있을 때, 집안사람들이 모두 '편안하다'는 뜻이다.

※ 안녕(安寧) : 편안할 안(安) 편안할 녕(寧)으로, 아무 탈 없이 편안함.
　　예 安寧하십니까?
※ 편안(便安) : 편할 편(便) 즐거울 안(安)으로, 몸이 편하고 마음이 즐거움.
　　예 그는 늘 便安한 생활을 추구하고 있다.

居 살 거

주검 시(尸)와 옛 고(古)가 합해진 글자이다. 옛날(古)부터 살아온 조상들의 무덤(尸)이 모셔져 있는 것이라는 의미에서 '살다, 앉다, 사는 곳' 등의 뜻이 나왔다.

※ 거실(居室) : 있을 거(居) 방 실(室)로, 온 가족이 함께 사용하는 방.
　　예 우리 집은 居室이 넓다.
※ 주거(住居) : 살 주(住) 살 거(居)로, 일정한 곳에 머물러 삶. 또는 그런 집을 말한다.
　　예 우리 동네는 住居 환경이 좋다.

危 위태할 위

낭떠러지 엄(厂)자 위에 선 사람(人)과 아래에 앉은 사람(巳)을 그려, 절벽 위나 아래는 '위험하다, 위태하다' 등의 뜻이 나왔다.

※ 위험(危險) : 두려울 위(危) 험할 험(險)으로, 두려울 정도로 험함.
　📖 그는 危險한 지경에 처해 있다.

※ 위독(危篤) : 위태할 위(危) 심할 독(篤)으로, 생명이 위태로울 정도로 병세가 매우 심함.
　📖 그는 겨우 危篤한 상태는 벗어났다.

思 생각할 사

밭 전(田)과 마음 심(心)이 합해져서, 밭(田)에 나는 농작물의 생산성을 높이려고 깊이 '생각하다'는 뜻을 담았다.

※ 사고(思考) : 생각할 사(思) 살필 고(考)로, 곰곰이 생각하여 잘 살핌.
　📖 너는 思考의 영역을 넓혀라.

※ 의사(意思) : 뜻 의(意) 생각할 사(思)로, 무엇을 하고자 하는 뜻과 생각.
　📖 그는 일할 意思가 없는 듯하다.

4. 쓰임

* 안거위사(安居危思)라고, 건강할 때 건강을 지켜야 한단다.

* 안거위사(安居危思)라는 말을 잘 음미하며, 좋을 때 방심하지 말고 항상 내일을 위해 준비해야 한다.

* 흥진비래라는 말을 이해하면, 안거위사(安居危思)라는 말도 같은 맥락이라는 것을 이해할 수 있을 것이다.

* 사람들이 편안하면 어려울 때를 잊기 쉬운데, 우리는 한상 안거위사(安居危思)라는 말을 명심해야 한다.

5. '바를 정' 자를 표시하며 한자 열 번씩 소리 내어 읽으며 외우기

安	居	危	思
편안할 안	살 거	위태할 위	생각할 사
正正	正正	正正	正正

6. 한자 따라 쓰며 익히기

6획	부수 宀	丶 丶 宀 宀 安 安		
安	安			
편안할 안				
8획	부수 尸	一 コ コ 尸 尸 尸 居 居		
居	居			
살 거				
6획	부수 卩	丿 丿 仁 卢 卢 危		
危	危			
위태할 위				
9획	부수 心	丨 冂 田 田 田 思 思 思		
思	思			
생각할 사				

1. 한자 뿌리로 해석하기

改₂	過₁	遷₄	善₃	허물(過)을 고쳐서(改) 착한 (善) 곳으로 나아감(遷).
고칠 개	허물 과	옮길 천	착할 선	

　지난날의 잘못을 고쳐서 새사람으로 다시 착하게 태어남을 말한다. 사람은 누구나 잘못을 저지를 수 있다. 그것을 고치면 되는 것이다.

2. 도움말

　사람은 누구나 잘못을 한다. 사람은 불완전하기 때문이다. 사실 사람은 하루 동안에도 잘한 일보다는 잘못하는 일이 많다. 그러면 어떻게 해야 할까?

　사람이 완전한 존재가 아니므로 잘못을 저지르는 것은 죄가 아니다. 잘못할 수 있다. 다만 잘못을 저지르고서 그 잘못을 고치지 않는 것이 잘못이다. 고치면 되는 것이다.

　그래서 『주역』에서도 무구(无咎)라 하여, 허물을 고치면 허물이 없어진다고 한다. 그래서 이 무구를 가장 중요시한다. 잘못을 고치면 잘못이 없어지는 때문이다.

　공자는 군자불이(君子不二)라 하여, 군자는 똑같은 잘못을 두 번 거듭하지 않는다고 했다. 군자는 그렇다 치고 우리 같은 보통 사람들은 똑같은 잘못을 저지르더라도 그때그때 고치면 되는 것이다.

　우리 고소설 중에서도 『흥부전』은 바로 잘못을 고치는, 즉 개과천선하는 이야기이다. 놀부가 고집이 세고 욕심이 많아 잘못을 많이 저지르는 사람인데, 결국은 자기의 잘못을 고치고 착한 사람으로 돌아가는 이야기이다.

우리도 놀부처럼 잘못을 저지를 수 있다. 그러나 그 잘못을 고치고 착한 길로 나아가야 한다.

3. 한자 뜯어보기

改 고칠 개

자기 기(己)와 채찍질 할 복(攵)이 합해진 글자이다. 자기(己)에게 채찍질하여(攵) 스스로 잘못을 '고치다'라는 뜻이 된다.

※ 개선(改善) : 고칠 개(改) 착할 선(善)으로, 나쁜 것을 고쳐서 좋게 만듦.
　예 그는 성격을 改善할 필요가 있다.
※ 개명(改名) : 고칠 개(改) 이름 명(名)으로, 이름을 고침.
　예 그 회사는 최근에 회사 이름을 改名하였다.

過 허물 과

입 비뚤어질 와(咼)와 쉬엄쉬엄 갈 착(辶)이 합해져서, 바로 가지 않고 비뚤어지게 잘못 가는 것으로 '허물, 지나치다, 넘어서다' 등의 뜻이 나왔다.

※ 과거(過去) : 지날 과(過) 갈 거(去)로, 지나간 것. 지난번.
　예 지나간 過去에 너무 집착하지 마라.
※ 사과(謝過) : 용서를 빌 사(謝) 허물 과(過)로, 자신의 잘못에 대하여 용서를 빎.
　예 지난번 실수를 진심으로 謝過 드립니다.

遷 옮길 천

쉬엄쉬엄 갈 착(辶)과 하늘 높이 오를 선(䙴)으로 구성되어, '오르다, 옮기다, 옮겨 가다, 바꾸다' 등의 뜻이다.

※ 천도(遷都) : 옮길 천(遷) 도읍 도(都)로, 수도를 옮김.
　　예 대개 나라를 새로 세우면 遷都를 한다.
※ 변천(變遷) : 변할 변(變) 옮길 천(遷)으로, 세월이 흘러 변하여 바뀜.
　　예 세월이 흐르면 유행도 變遷한다.

善 착할 선

양 양(羊)과 입 구(口)가 합해진 글자이다. 양(羊)처럼 순하고 부드럽게 말하는(口) 사람은 '착하다'라는 뜻이 나왔다.

※ 선악(善惡) : 착할 선(善) 악할 악(惡)으로, 착함과 악함.
　　예 모든 종교는 대개 인간의 善惡에 따라 복과 벌을 내린다고 한다.
※ 위선(僞善) : 거짓 위(僞) 착할 선(善)으로, 거짓으로 착한 척함.
　　예 선과 僞善을 구분하기가 쉽지 않다.

4. 쓰임

* 『흥부전』에서 놀부가 개과천선(改過遷善)한 일은 잘 알려진 사실이다.
* 사람들은 자기 잘못을 인정하기 쉽지 않으므로, 개과천선(改過遷善)하기가 어려운 것이다.
* 그가 요즘 하는 행동을 보면 개과천선(改過遷善)한 게 틀림없어.
* 사람은 모두 잘못을 저지르지만 개과천선(改過遷善)하면 흠이 없게 된다.
* 사람이 개과천선(改過遷善)하게 되면, 그 이전의 잘못은 모두 용서될 뿐만 아니라 오히려 더 좋게 본다.

5. 유의어

회과천선(悔過遷善) : 잘못을 뉘우치고 착한 일을 하게 됨을 말한다.

개과자신(改過自新) : 잘못을 고쳐 스스로 새로워짐.

6. '바를 정' 자를 표시하며 한자 열 번씩 소리 내어 읽으며 외우기

改	過	遷	善
고칠 개	지나칠 과	옮길 천	착할 선
正正	正正	正正	正正

7. 한자 따라 쓰며 익히기

7획	부수 攵	ㄱ ㄱ ㄹ ㄹ ㄹ 改 改			
改	改				
고칠 개					
13획	부수 辶	ㅣ ㄲ ㄲ ㄲ ㄲ 咼 咼 咼 咼 過 過 過 過			
過	過				
지나칠 과					
15획	부수 辶	一 ㄷ ㄿ 襾 襾 襾 垔 粤 粤 粤 粤 粤 遷 遷 遷			
遷	遷				
옮길 천					
12획	부수 口	丶 ㅛ ㅛ 놐 놐 羊 羊 善 善 善 善			
善	善				
착할 선					

열한째 마당 ③ 쾌도난마 快刀亂麻

1. 한자 뿌리로 해석하기

快¹	刀²	亂³	麻⁴	잘 드는(快) 칼(刀)로 어지럽게(亂) 헝클어진 삼(麻)을 자름.
시원할 쾌	칼 도	어지러울 란	삼 마	

　어지럽게 엉킨 삼을 잘 드는 칼로 한 칼에 잘라 버린다는 뜻으로, 복잡하게 얽힌 문제들을 신속하고 바르게 처리함을 비유하여 이르는 말이다.

2. 도움말

　옛날 중국 '동위'라는 나라에 고환이라는 사람이 있었다. 그에게는 여러 명의 아들들이 있었다. 고환은 여러 명의 아들들 중에 누가 제일 뛰어난 재주를 가지고 있는지 궁금했다.

　어느 날 고환은 아들들의 능력을 시험해 보기로 하였다. 그는 잔뜩 얽히고설킨 삼실 타래를 아들들에게 한 타래씩 주고는 실을 풀어 보라고 했다. 모두들 얽혀 있는 삼실을 한 가닥씩 풀어내느라 진땀을 빼고 있었다. 그런데 둘째 아들인 고양은 칼을 뽑더니 단칼에 실타래를 잘라 버렸다. 그러고는 이렇게 말했다.

　"어지러운 것은 모름지기 베어 버려야 한다."

　이를 보고 고환은 고양이 커서 크게 될 인물이라고 생각하며 기뻐하였다.

- 출전 : 『북제서(北齊書)』의 〈문선제기(文宣帝紀)〉

　'쾌도난마(快刀亂麻)'는 이처럼 복잡하게 얽힌 사물이나 꼬인 문제들을 과단성 있게 신속하고 바르게 처리하는 것을 뜻하는 말이다.

3. 한자 뜯어보기

快 상쾌할 쾌

마음 심(忄) 변에 터놓을 쾌(夬)를 붙여서, 마음(忄)을 터놓으니(夬) '상쾌하다, 시원하다, 기쁘다, 신속하다' 등의 뜻이 나왔다.

※ 쾌락(快樂) : 기쁠 쾌(快) 즐거울 락(樂)으로, 기쁘고 즐거움.
　　예 그는 정신적 快樂을 추구하고 즐긴다.
※ 통쾌(痛快) : 아플 통(痛) 기쁠 쾌(快)로, 아플 정도로 기쁨.
　　예 그에게 늘 지다가 오늘 이겨서 기분이 痛快하다.

刀 칼 도

丿　　'칼'의 모습을 그렸는데, 글자 모양이 조금 변하여 지금처럼 되었다.

　　※ 도검(刀劍) : 칼 도(刀) 칼 검(劍)으로, 짧은 칼과 긴 칼을 아울러 이르는 말.
　　예 우리가 刀劍을 다룰 때는 주의하여야 한다.
※ 은장도(銀粧刀) : 은 은(銀) 단장할 장(粧) 칼 도(刀)로, 칼자루와 칼집을 은으로 장식하여 노리개로 쓰던 칼.
　　예 옛날 여인들은 銀粧刀를 차고 다녔다.

亂 어지러울 란

　　두 손으로 엉킨 실을 푸는 모습의 글자이다. 윗부분(조爫)과 아랫부분(우又)은 손이고, 중간 부분은 실패(중간의 ▽와 △을 합친 모습)를 그리고, 엉켜 있는 실(幺)을 푸는 모습을 나타낸 것이다. 후에 오른쪽에 다시 손(又)을 나타내는 글자를 더했는데 뒤에 새 을(乙)로 바뀌어 지금처럼 쓰이고 있다.

　　엉켜 있는 실만큼 복잡한 것이 없을 것이므로, 여기서 '어지럽다'는 뜻이 나왔다.

※ 난입(亂入) : 어지러울 란(亂) 들 입(入)으로, 함부로 어지럽게 몰려 들어감.
  예 조폭들이 회의장에 亂入하여 회의를 중단시켰다.
※ 소란(騷亂) : 떠들 소(騷) 어지러울 란(亂)으로, 시끄럽게 떠들어 어지러움.
  예 교실에서는 騷亂을 피우지 말아야 한다.

麻 삼 마

집 엄(广)과 두 개의 나무 목(木)이 합해진 글자로, '삼'을 말한다. 삼나무
에서 껍질을 벗겨 집에서 말리는 모습이다.

※ 마의(麻衣) : 삼 마(麻) 옷 의(衣)로, 삼베로 만든 옷.
  예 그는 麻衣로 지은 도포를 입고 왔다.
※ 마고(麻姑) : 삼 마(麻) 시어머니 고(姑)로, 마고할미가 이 세상을 창조했
  다는 전설이 있다.
  예 옛날 우리나라 이야기에 麻姑할미가 이 세상을 창조했다고 한다.

4. 쓰임

* 이런 국가의 어려운 일은 오직 명철한 판단력을 가진 지도자만이 **쾌도난
  마(快刀亂麻)**식으로 처리할 수 있다.
* 그는 결단력이 있어서 일을 **쾌도난마(快刀亂麻)**식으로 시원하게 처리한다.
* **쾌도난마(快刀亂麻)**도 좋지만 일을 신속하게 처리한다고 해도 다시 잘
  점검해 봐야 한다.
* 아무리 생각해도 해결 방법이 없는 복잡한 일은 **쾌도난마(快刀亂麻)**식으
  로 단칼에 해결하는 수밖에 없다.

5. 유의어

쾌도참난마(快刀斬亂麻) : 잘 드는 칼로 헝클어져 뒤엉킨 삼 가닥을 단번에 잘
라 버린다는 뜻으로, 복잡한 사안을 신속하고 명쾌하게 처리하는 것을 비유
하는 말이다.

6. '바를 정' 자를 표시하며 한자 열 번씩 소리 내어 읽으며 외우기

快	刀	亂	麻
상쾌할 쾌	칼 도	어지러울 란	삼 마
正正	正正	正正	正正

7. 한자 따라 쓰며 익히기

7획	부수 忄	' ' ' 忄 忄 忸 快 快		
快 상쾌할 쾌	快			
2획	부수 刀	刀 刀		
刀 칼 도	刀			
13획	부수 乙	' ' ' 斉 斉 斉 斉 斉 斉 斉 斉 斉 亂		
亂 어지러울 란	亂			
11획	부수 麻	' 宀 广 广 庁 庁 庁 麻 麻 麻 麻		
麻 삼 마	麻			

열한째 마당 ④   주마가편 走馬加鞭

1. 한자 뿌리로 해석하기

走₁	馬₂	加₄	鞭₃	달리는(走) 말(馬)에 채찍(鞭)을 더함(加).
달릴 주	말 마	더할 가	채찍 편	

'달리는 말에 채찍질한다'는 우리 속담을 한문으로 번역한 글로, 형편이나 힘이 좋을 때에 더욱 힘을 더한다는 말이다. 또한 열심히 하는 사람을 더욱 부추겨 몰아붙이며 격려하는 뜻도 담겨 있다.

2. 도움말

나는 몽골과 키르기스스탄에서 말을 타 본 경험이 있다. 말을 타고 가면서 조금 더 빨리 가고 싶으면 말의 배에 박차를 가하면서 '추추'라고 소리를 치면 좀더 빨리 간다.

우리말에서 '박차를 가하다'라는 표현을 쓰는데, 이런 경우를 두고 하는 말이다. '박차'는 말을 탈 때에 신는 구두의 뒤축에 달려 있는 물건이다. 이는 마치 톱니바퀴처럼 생겼는데, 쇠로 만들어 말의 배를 차서 빨리 달리게 하는 기구이다.

주마가편(走馬加鞭)은 이처럼 '달리는 말에 박차를 가하다'와 같은 말이다. 달리는 말을 더 빨리 달리게 하고 싶으면 박차를 가하면 되기 때문이다. 달리는 말에 채찍질을 더하여 빨리 가게 하는 것과 같이 일이 빨리 진행되도록 독려하는 의미가 된다.

빨리빨리를 좋아하는 한국 사람들은 이 말을 무척 좋아하는 것 같다. 그래서 기술 개발에 박차를 가하고, 수출 증진에 박차를 가하고… 그래서 세계에서 제일 빠른 시일 내에 선진국 대열에 다가섰다. 더욱 박차를 가해서 세계 1등 국가가 되어야 할 것이다.

3. 한자 뜯어보기

走 달릴 주

갑골문에서 윗부분에 팔을 흔드는 사람의 모습을 그리고 아랫부분은 발 지(止)를 그려 빨리 달리는 사람의 모습을 그렸다. 이에 '달리다, 걷다, 떠나다' 등의 뜻이 나왔다.

※ 주행(走行) : 달릴 주(走) 갈 행(行)으로, 달려감.
　예 그는 요즘 자동차 走行 연습을 하고 있다.
※ 질주(疾走) : 빠를 질(疾) 달릴 주(走)로, 빨리 달림.
　예 고속 도로를 疾走하는 자동차 행렬.

馬 말 마

갑골문에서는 말의 긴 머리와 갈기와 발과 꼬리를 모두 사실적으로 그려 '말'을 나타낸 그림 문자이다.

※ 백마(白馬) : 흰 백(白) 말 마(馬)로, 흰 말.
　예 그는 白馬의 멋진 모습에 반해 덜컥 돈을 주고 구입했다.
※ 목마(木馬) : 나무 목(木) 말 마(馬)로, 기계 체조나 놀이에 쓰는 말 모양으로 만든 나무 기구.
　예 그는 오늘도 木馬를 타며 체조를 했다.

加 더할 가

힘 력(力)과 입 구(口)가 합해진 글자이다. 힘(力)이 들어간 말(口)은 과장되기 마련이므로 '더하다'는 뜻이 나왔다.

※ 가입(加入) : 더할 가(加) 들 입(入)으로, 어떤 단체에 들어감.
　예 우리나라는 유엔에 加入했다.
※ 추가(追加) : 쫓을 추(追) 더할 가(加)로, 따라서 더함.
　예 여기에 고기 2인분을 追加해 주세요.

鞭 채찍 편

가죽 혁(革) 변에 편할 편(便)을 붙여서, 가죽(革)을 손에 쥐기 편하게(便) 만든 '채찍'이다.

※ 편달(鞭撻) : 채찍 편(鞭)과 매질할 달(撻)로, 채찍으로 때림. 일깨워 주고 격려하여 줌.

〔예〕 앞으로 많은 지도와 鞭撻을 바랍니다.

4. 쓰임

* **주마가편(走馬加鞭)**이란 말이 있듯이, 잘나갈 때 더 밀어붙여야지 그렇지 않고 나태하면 뒤처지게 된다.

* 철수는 공부를 잘하는데도 더 열심히 하니, 저런 걸 **주마가편(走馬加鞭)**이라 할 수 있겠지.

* 성공한 사람들은 자기 일에 가속도를 붙여서 일하는데, **주마가편(走馬加鞭)**을 해야 가속도가 붙는 거야.

* **주마가편(走馬加鞭)**이라지만, 너무 무리하지 말고 건강을 챙겨 가면서 공부를 해야 한다.

말에게 채찍질을 하면 아파서 더 천천히 가지 않을까?

그러니 살살 때려야지.

5. '바를 정' 자를 표시하며 한자 열 번씩 소리 내어 읽으며 외우기

走	馬	加	鞭
달릴 주	말 마	더할 가	채찍 편
正正	正正	正正	正正

6. 한자 따라 쓰며 익히기

7획	부수 走	一 十 土 キ 走 走 走		
走	走			
달릴 주				
10획	부수 馬	丨 厂 厂 斤 馬 馬 馬 馬 馬		
馬	馬			
말 마				
5획	부수 力	丁 力 加 加 加		
加	加			
더할 가				
18획	부수 革	一 十 廿 廿 甘 苗 苗 苗 革 革 革 革 革 鞊 鞊 鞊 鞭 鞭		
鞭	鞭			
채찍 편				

1. 한자 뿌리로 해석하기

克₂	己₁	復₄	禮₃	자기(己) 욕심을 누르고(克) 예의(禮)를 회복함(復).
이길 극	자기 기	되돌릴 복	예절 례	

　헛된 욕망이나 거짓된 마음 등을 자기 자신의 의지력으로 억제하고 예의에 어그러지지 않도록 함을 말한다.

　오늘날의 말로 바꾸어 말하면, 충동적이고 감성적인 자아를 자신의 의지로 극복하여 예의를 갖춘 인간으로 돌아감을 일컫는다.

2. 유래

　안연이 공자에게 물었다.

　"인(仁)이 무엇입니까?"

　공자가 대답했다.

　"<u>자기를 이기고 예로 돌아가는</u> 것이 인을 하는 것이니, 만약 사람이 하루라도 자기를 이기고 예로 돌아가면, 그 영향으로 세상 사람들이 모두 인으로 돌아갈 것이다. 그러므로 인을 하는 것은 자기 자신에게 달려 있는 것이지, 어찌 남에게 달려 있겠느냐?"

　안연이 다시 물었다.

　"인을 실천하는 조목을 알고 싶습니다."

　공자가 말했다.

　"예가 아니거든 보지 말며, 예가 아니거든 듣지 말며, 예가 아니거든 말하지 말며, 예가 아니거든 행동하지 말라."

　안연이 말했다.

"제가 비록 민첩하지는 못하지만 청컨대 이 말씀을 평생 받들겠습니다."

- 논어, 안연편

여기서 '극기복례(克己復禮)'가 유래되었다.

공자의 많은 제자들이 이 인에 대해 질문을 하였지만, 그때마다 공자는 각각 그들의 수준에 따라 다른 대답을 하여 주었다. 안연은 공자의 수제자이므로, 그에게 대답한 '극기복례'가 인을 정의한 최고 경지라 할 수 있을 것이다.

'극(克)'이란 이긴다는 것이고, '기(己)'란 자기 몸에 있는 사욕을 말하며, '복(復)'이란 돌이킨다는 것이고, '예(禮)'란 하늘의 도덕적 법칙이다. 그러므로 사람이 자기의 욕망을 예의로써 나날이 극복하는 길이 사람이 되는 올바른 길이 되고, 나아가 이를 사회적으로 확충시키면 곧 도덕 사회가 된다고 본다.

퇴계 이황은 극기복례의 길은 '천리를 따르고 인욕을 멀리하는(存天理遏人欲)' 데에 있다고 보고, 이를 위해서는 공손하게 살면서 이치를 궁리(居敬窮理)하는 방법을 취해야 한다고 하였다.

3. 한자 뜯어보기

克 이길 극

갑골문에서 머리에는 투구를 쓰고, 손에는 창을 쥔 사람의 모습을 그렸다. 완전 무장한 병사는 전쟁에서 이길 수 있다는 뜻에서 '이기다'라는 뜻이 나왔다.

※ 극복(克服) ; 이길 극(克) 따를 복(服)으로, 이겨서 따르도록 함. 적을 이겨서 굴복시킴.
  예 어려움을 克服하기는 쉽지 않다.

己 자기 기

乙   갑골문에 끈처럼 생긴 것을 그렸는데, 뒤에 자기 스스로를 가리키는 것으로 쓰여 '몸'이라는 뜻이 되었다.

※ 자기(自己) : 스스로 자(自) 몸 기(己)로, 자신의 몸. 그 사람. 앞에서 이야기하는 사람을 다시 가리키는 말.
　　예 소크라테스는 自己 자신을 알라고 했다.
※ 지기(知己) : 알 지(知) 자기 기(己)로, 자기를 알아주는 벗.
　　예 살면서 知己를 만난다는 것은 행운이다.

復 되돌릴 복

조금 걸을 척(彳) 변에 돌아갈 복(复)자를 붙여서, 갔던 길을 돌아온다는 뜻이다. 여기서 '돌아오다, 거듭' 등의 뜻이 나왔다.

※ 복귀(復歸) : 되돌릴 복(復) 돌아갈 귀(歸)로, 본래의 상태로 돌아감.
　　예 그는 회사에 큰 이득을 안겨 주고 포상 휴가를 받아, 동남아로 여행을 갔다가 돌아와 회사로 復歸했다.
※ 회복(回復) : 돌아올 회(回) 되돌릴 복(復)으로, 본래의 상태로 돌아감.
　　예 그는 건강을 回復했다.

禮 예절 례

보일 시(示)와 풍성할 풍(豐)이 합해져서, 신(示)에게 풍성하게 차려(豐) 제사 지내는 모습이다. 여기서 '예도, 예절' 등의 뜻이 나왔다. 보일 시(示)는 대개 신(神)과 관계되는 어휘에 붙는다.

※ 예의(禮儀) : 예도 례(禮) 거동 의(儀)로, 예절을 지키기 위한 말이나 행동.
　　예 그는 禮儀가 바른 훌륭한 학생이다.
※ 경례(敬禮) : 공경할 경(敬) 예도 례(禮)로, 공경을 나타내는 행위나 동작을 말한다.
　　예 군에서는 거수 敬禮를 한다.

4. 쓰임

* 공자는 하루라도 **극기복례(克己復禮)**할 수 있다면 천하가 어질게 돌아갈 것이라고 말했다.

* **극기복례(克己復禮)**는 하루아침에 이루어지는 것이 아니라, 오랫동안의 수양이 필요하다.

* 자기를 이기는 사람은 성을 빼앗는 사람보다 강하다는데, **극기복례(克己復禮)**하는 사람들은 분명 보통 사람들이 아니다.

* **극기복례(克己復禮)**를 강조하는 것을 보면, 사람들이 원래 이기적이고 무례하기 때문일 것이다.

* 우리 사회도 모든 이들이 이기심을 버리고 **극기복례(克己復禮)**하여 예의를 지키는 사회가 된다면 얼마나 좋을까.

5. 유의어

극복(克復) : 원래의 태도로 되돌아가거나, 본래의 형편으로 되돌아감을 말한다. 극기복례(克己復禮)의 준말로 보아도 좋다.

6. '바를 정' 자를 표시하며 한자 열 번씩 소리 내어 읽으며 외우기

克	己	復	禮
이길 극	자기 기	되돌릴 복	예도 례
正正	正正	正正	正正

7. 한자 따라 쓰며 익히기

7획	부수 儿	一 十 寸 古 古 克 克		
克	克			
이길 극				
3획	부수 己	ㄱ ㄱ 己		
己	己			
자기 기				
12획	부수 彳	´ ⺅ 彳 彳 彳 彳 彳 ⼻ 复 復 復		
復	復			
되돌릴 복				
18획	부수 示	⼀ ⼆ 千 亓 示 示 和 ネ 神 神 神 神 禮 禮 禮 禮 禮 禮		
禮	禮			
예도 례				

열두째 마당

살기 좋은 세상

공평무사

권선징악

부국강병

재세이화

태평성대

우리는 우리가 사는 세상을 살기 좋은 세상으로 만들어야 한다. 어떤 세상이 살기 좋은 세상일까?

우선 사람들이 서로 공정하고 공평하게 대하여야 할 것이다.

- 공평무사(公平無私)

서로가 공평한 관계에서 정당하게 경쟁하고, 공평한 대우를 받아야 한다. 그 래야 모든 사람들이 각자의 개인 욕심을 억제하고 서로를 위하는 공공의 이익 을 위해 일하는 세상이 좋은 세상일 것이다.

서로 착한 일을 권하고 나쁜 일은 막는 사회가 좋은 사회이다.

- 권선징악(勸善懲惡)

세상이 착한 사람들로만 구성되어 있다면 얼마나 좋을까. 세상이 악한 사람들로 만 구성되어 있다면 얼마나 끔찍할까. 우리가 사는 세상을 천국으로 만드느냐 지 옥으로 만드느냐는 결국 우리 손에 달린 것이다. 착한 사람에게 상을 주고 악한 사람들에게는 벌을 주어 우리 모두 살기 좋은 세상을 만들어야 할 것이다.

살기 좋은 세상이 되려면 나라가 부유하고 강해야 한다.

- 부국강병(富國强兵)

나라가 부유하여야 굶주리는 사람들이 없어질 것이다. 그리고 나라의 국방 력이 튼튼해야 우리는 안심하고 생활할 수 있을 것이다. 그래서 나라가 중요한 것이다.

나라는 이치에 맞게 다스려야 할 것이다.   - 재세이화(在世理化)

나라가 아무리 강하고 부유하더라도 나라 안이 무질서하고 혼란하면 어려울 것이다. 그래서 세상을 이치에 맞게 다스려 질서를 바로잡아야 한다. 이치에 맞게 다스린다면 모든 국민들이 순응하여 불평불만도 없어질 것이다.

모두가 「태평가」를 부를 수 있는 세상을 만들어야 한다.

- 태평성대(太平聖代)

좋은 나라가 되려면 우선 지도자들부터 훌륭해야 한다. 그러면 국민들이 그들을 믿고 따를 것이다. 우리는 그런 위대한 지도자를 찾을 생각만 하지 말고, 내가 훌륭한 지도자가 될 생각을 하자.

내가 훌륭한 지도자가 되자!

열두째 마당 ① 공평무사 公平無私

1. 한자 뿌리로 해석하기

公 1	平 2	無 4	私 3	공평(公平)하여 사사로움(私)이 없음(無).
공평할 공	평평할 평	없을 무	사사로울 사	

어느 쪽에도 치우치지 않아 공평하고 사사로움이 없음을 말한다.

2. 도움말

'공(公)'이란 글자를 뜯어보면, 공평무사(公平無私)의 뜻이 잘 나타난다.

공(公)이란 글자는 여덟 팔(八)자와 사사로울 사(厶)가 합해진 글자로 구성되어 있다.

사사 사(厶)는 사사롭다는 뜻도 있고, 나 개인이라는 뜻도 있다. 팔(八)자는 갑골문에 어떤 물체가 두 쪽으로 대칭되게 나누어진 모습니다. 『설문해자』의 말처럼, 팔(八)자는 어떤 물체가 두 쪽으로 대칭되게 나누어진 모습으로 그렸다.

사사 사(厶)에 이에 대칭되는 팔(八)자를 합하니, 사사로움에 대칭되는 공(公)의 개념이 나온다. 즉 사적인 테두리나 영역에 반대되는, 사적인 개념에 대칭되는 개념을 그린 글자가 된다. 그래서 공(公)에는 '공적(公的)'이라는 뜻과 '공평(公平), 공공(公共)'의 뜻이 나왔다. 공적인 일은 항상 공평하기 때문이다. 거기다가 다시 '공개적(公開的), 공식적(公式的)'이라는 뜻도 덧붙었다. 공적인 일은 반드시 사사롭게 은밀하지 않게 공개적인 방법에 의해 진행되어야 하기 때문이다.

공평무사(公平無私)란 이처럼 사적인 것과 반대되는 것으로 모두가 공개적으로, 공평하게, 공식적으로 인정할 수 있는 경지라 하겠다.

3. 한자 뜯어보기

公 공평할 공

사사 사(厶)와 여덟 팔(八)이 합해진 글자이다. 사사로움(厶)에 반대되는
(八) 개념으로, '공변된 것', 곧 '공평한' 것을 말한다.

※ 공개(公開) : 들어낼 공(公) 열 개(開)로, 모든 사람에게 드러내어 공개함.
  예 그는 자신의 행위를 公開했다.
※ 공약(公約) : 여럿 공(公) 묶을 약(約)으로, 일반인을 대상으로 공개적으로
  한 약속.
  예 선거철에는 입호부자가 자신의 公約을 발표한다.

平 평평할 평

금문에는 사람이 말할 때 입김이 똑바로 펴져 나감을 나타낸
글자로, '평평하다'의 뜻이다.

※ 평지(平地) : 평평할 평(平) 땅 지(地)로, 바닥이 평평한 땅.
  예 사람들은 平地에 집짓기를 좋아한다.
※ 평면(平面) : 평평할 평(平) 쪽 면(面)으로, 평평한 표면.
  예 그림을 平面에 그린다.

無 없을 무

원래 갑골문에서 두 손에 깃털을 들고 춤추는 모양을 그린 글
자이다. 춤을 출 때는 지위, 신분이나 남녀노소의 구분이 없다는
데서 '없다'라는 뜻이 나왔다고 본다.

※ 무상(無常) : 없을 무(無) 늘 상(常)으로, 늘 그대로인 것이 없음. 덧없음.
  예 인생은 無常한 것이야.
※ 무조건(無條件) : 없을 무(無) 가지 조(條) 구분할 건(件)으로, 아무 조건이
  없음.
  예 어떤 사람들은 無條件 명품을 좋아한다.

私 사사로울 사

벼 화(禾)와 사사 사(厶)가 합해진 글자로, 곡물(禾)을 자신(厶)의 것으로 만든다는 뜻으로, 이에서 '나, 사사로운, 비공개적인, 이기적인' 등의 뜻이 나왔다.

※ 사재(私財) : 사사로울 사(私) 재물 재(財)로, 개인의 재산.
　　예 그는 私財를 털어 장학금으로 내어놨다.
※ 사생활(私生活) : 사사로울 사(私) 살 생(生) 살 활(活)로, 개인의 사사로운 생활.
　　예 개인의 私生活은 보호받아야 한다.

4. 쓰임

* 무엇보다 남들을 심판하는 판사들은 **공평무사(公平無私)**한 마음을 가져야 한다.

* 시민 배심원단을 **공평무사(公平無私)**하게 구성하는 것 자체가 어려운 일이다.

* 검찰이 중립성을 지키기 위해서는 무엇보다 **공평무사(公平無私)**하고 중립적인 자세로 일해야 한다.

* 국민들은 지도자들이 상식과 순리에 따라 **공평무사(公平無私)**하게 일을 처리해 나갈 것을 기대한다.

5. 유의어

허심평의(虛心平意) : 아무 생각도 없이 조용히 있다는 뜻으로, 사랑하고 미워하거나 좋아하고 싫어하는 감정이 없이 공평무사(公平無私)한 태도를 이르는 말이다.

6. '바를 정' 자를 표시하며 한자 열 번씩 소리 내어 읽으며 외우기

公	平	無	私
공평할 공	평평할 평	없을 무	사사로울 사
正正	正正	正正	正正

7. 한자 따라 쓰며 익히기

4획	부수 八	ノ 八 公 公		
公 공평할 공	公			
5획	부수 干	一 厂 厂 亚 平		
平 평평할 평	平			
12획	부수 灬	ノ 仁 仁 仁 仁 毎 無 無 無 無 無		
無 없을 무	無			
7획	부수 禾	ノ 二 千 千 禾 私 私		
私 사사로울 사	私			

열두째 마당 ② 권선징악 勸善懲惡

1. 한자 뿌리로 해석하기

勸2	善1	懲4	惡3	착한(善) 일을 권장하고(勸),
권할 권	착할 선	혼낼 징	나쁠 악	악한(惡) 일을 징계함(懲).

　착한 행실은 권장하여 상을 주고 악한 행실은 징계하여 벌을 주는 것을 말한다. 우리나라 고소설은 대개 권선징악을 주제로 하고 있다.

2. 도움말

　공자의 『춘추(春秋)』를 해석한 노나라 좌구명(左丘明)의 『춘추좌씨전』에 다음과 같은 이야기가 있다.

　　'춘추의 기록은 어려운 것 같지만 쉽고, 사실을 서술하였지만 뜻이 깊고, 완곡하지만 도리를 갖추었고, 사실을 기록하되 품위가 있으며, <u>악행을 징계하고 선행을 권장한다(懲惡而勸善)</u>. 성인이 아니고서야 누가 이렇게 지을 수 있겠는가.'

　'권선징악(勸善懲惡)'이란 말은 여기에서 나왔다.

　권선징악은 한국 고소설에 자주 나타나는 주제 유형이다. 여기서 선악의 기준은 물론 조선 시대 유교의 덕목인 삼강오륜(三綱五倫)에 근거를 두고 있다.

　권선징악을 주제로 삼는 소설은 착한 주인공이 온갖 시련과 난관을 겪지만 끝내 복을 받아 행복한 결말을 맞이하고, 악한 인물들은 벌을 받는다는 내용이다. 이렇게 선과 악이라는 정형화된 대조적인 인물들을 등장시켜 결국 선이 악을 이기고 승리하는 과정을 보여 준다. 이는 선의 궁극적인 승리를 통해 독자들로 하여금 선의 길로 나가도록 고무시키려는 창작 의도가 선명하게 드러난다.

이런 권선징악의 주제를 뚜렷이 한 고소설로는 『흥부전』, 『장화홍련 전』, 『콩쥐팥쥐전』 등이 있다.

3. 한자 뜯어보기

勸 권할 권

황새 관(雚)과 힘 력(力)이 합해진 글자이다. 황새(雚)는 물을 거슬러 먹이를 잡으므로 힘써(力) 최선을 다하라는 의미이다. 여기서 '권하다, 설득하다, 권력' 등의 뜻이 나왔다.

※ 권고(勸告) : 권할 권(勸) 알릴 고(告)로, 권하고 알려 줌.
　　예 의사 선생님이 아버지에게 건강을 위해서 유산소 운동을 하라고 勸告하셨다.
※ 강권(强勸) : 억지로 강(强) 권할 권(勸)으로, 억지로 강하게 권함.
　　예 그는 부모님의 强勸으로 결혼했다.

善 착할 선

양 양(羊)과 입 구(口)가 합해진 글자이다. 양(羊)처럼 순하고 부드럽게 말하는(口) 사람은 '착하다'라는 뜻이 나왔다.

※ 선행(善行) : 착할 선(善) 행할 행(行)으로, 착한 행동.
　　예 그는 善行을 많이 하는 사람이다.
※ 최선(最善) : 가장 최(最) 착할 선(善)으로, 가장 좋음, 가장 좋고 훌륭함.
　　예 후회 없는 삶을 사는 사람이 되기 위해서는 언제나 모든 일에 最善을 다해야 한다.

懲 혼낼 징

부를 징(徵)과 마음 심(心)이 합해진 글자이다. 불러서(徵) 마음(心)을 바꾸게 한다는 뜻에서 '혼내다, 징계하다'라는 뜻이 나왔다.

※ 징계(懲戒) : 혼낼 징(懲) 경계할 계(戒)로, 잘못을 고치도록 혼내고 경계함.
   예 그는 잘못하여 懲戒를 받았다.
※ 응징(膺懲) : 가슴 응(膺) 혼낼 징(懲)으로, 마음 깊이 뉘우치게 혼냄.
   예 그가 잘못을 뉘우칠 수 있도록 膺懲했다.

惡 악할 악

추할 아(亞)와 마음 심(心)이 합해진 글자이다. 보기 싫은 추한(亞) 마음(心)에서, '나쁘다, 악하다, 싫어하다' 등의 뜻이 나왔다.

※ 악역(惡役) : 악할 악(惡) 부릴 역(役)으로, 놀이나 연극, 영화에서 악인의 역할.
   예 그는 惡役을 잘한다.
※ 열악(劣惡) : 못할 열(劣) 악할 악(惡)으로, 환경이나 품질 따위가 나쁘고 좋지 못함.
   예 그들은 劣惡한 환경 속에서도 열심히 일한다.

4. 쓰임

* 고소설은 대부분 **권선징악(勸善懲惡)**을 주제로 하고 있다.

* 『흥부전』은 권선징악(勸善懲惡)을 주제로 한 대표적인 이야기이다.

* 어린이들은 권선징악(勸善懲惡)을 강조하는 동화를 읽으면서 선이 악보다 좋다는 교훈을 배운다.

* 권선징악(勸善懲惡)을 장려하는 것을 보면, 인간은 원래 착하기보다 악하다는 말이 아닐까?

5. '바를 정' 자를 표시하며 한자 열 번씩 소리 내어 읽으며 외우기

勸	善	懲	惡
권할 권	착할 선	혼낼 징	악할 악
正 正	正 正	正 正	正 正

6. 한자 따라 쓰며 익히기

20획	부수 力	╴ ╴ ╴ ╴ 芇 芇 芇 芇 雚 勸 勸
勸 勸		
권할 권		
12획	부수 口	╴ ╴ ╴ ╴ 羊 羊 善 善 善 善
善 善		
착할 선		
19획	부수 心	╴ ╴ ╴ ╴ ╴ ╴ 徵 懲 懲 懲
懲 懲		
혼낼 징		
12획	부수 心	╴ ╴ ╴ ╴ 亞 亞 亞 亞 惡 惡 惡
惡 惡		
악할 악		

열두째 마당 ③   부국강병 富國强兵

1. 한자 뿌리로 해석하기

富 1	國 2	强 3	兵 4	경제력이 넉넉한(富) 나라(國), 그리고 강한(强) 군대(兵).
넉넉할 부	나라 국	강할 강	군사 병	

부유한 나라와 강한 군사라는 뜻이다. 나라를 부유하게 하고, 군대를 강하게 함을 말한다.

2. 도움말

부국강병(富國强兵)은 한 나라를 다스리는 통치자들이나 위정자들이 일관되게 추진해 온 핵심 정책이다. 지도자는 무엇보다 경제를 발전시켜 백성들을 잘 먹고 잘 살게 해 주어야 한다. 그리고 군사력을 튼튼하게 하여 외적의 침범으로부터 백성들을 안전하게 지켜 주어야 한다. 이 두 가지가 가장 중요한 기본 정책이다.

이처럼 동서고금을 통틀어 어떤 국가든 자국의 이익과 안보를 꾀하지 않는 나라는 없었다. 심지어 자국의 이익과 번영을 위해서라면, 무력으로 이웃 나라를 침범하여 주권과 재산을 강탈하기도 하였다. 그런 전쟁으로 인하여 무고한 사람들이 수없이 죽어 나간 것도 사실이다. 그러나 이 험한 세상에서 살아남기 위해서는 부국강병 이외에 다른 방법이 있을까?

인류가 입으로는 평화를 추구한다고 하지만, 그것은 이상적인 이론일 뿐이었다. 실제 인류는 빼앗고 빼앗기는 투쟁을 되풀이하며 오늘에 이르렀다. 이 모든 투쟁의 역사가 서로 잘 살기 위한 전쟁이었다. 아무튼 세계사는 한마디로 전쟁의 역사다.

우리나라는 어떻게 부국강병을 할지 각자 깊이 생각해 볼 일이다. 그리고 진정한 세계 평화는 어떻게 이루어질 수 있는지 고민해 볼 일이다.

3. 한자 뜯어보기

富 넉넉할 부

집 면(宀)과 가득 찰 복(畐)이 합해진 글자이다. 집(宀)에 물건들이 가득 (畐) 찼으므로 '부자, 넉넉하다' 등의 뜻이 나왔다.

※ 부귀(富貴) : 넉넉할 부(富) 귀할 귀(貴)로, 재산이 많고, 사회적 지위가 높음.
　예 누구나 富貴를 바란다.
※ 졸부(猝富) : 갑자기 졸(猝) 넉넉할 부(富)로, 갑자기 부유해짐. 또는 그런 사람.
　예 그는 猝富가 되었다.

國 나라 국

에워쌀 위(囗) 안에 혹시 혹(或)이 들어 있다. 혹(或)자는 창 과(戈)와 나라 국(囗)으로 되어 있다. 창(戈)을 들고 나라(囗)를 지키는 모습이다. 혹시(或) 있을지도 모르는 만일의 사태에 대비하여 창(戈)과 같은 무기로 나라(囗)의 방어를 굳게 하는 것이 '나라'임을 말한다.

※ 국가(國歌) : 나라 국(國) 노래 가(歌)로, 그 나라를 대표하고 상징하는 노래.
　예 우리나라의 國歌는 애국가이다.
※ 조국(祖國) : 조상 조(祖) 나라 국(國)으로, 조상 때부터 대대로 내려오는 나라.
　예 祖國을 위해서는 목숨 바쳐 싸워야 한다.

强 강할 강

넓을 홍(弘)과 벌레 충(虫)이 합해진 글자이다. 원래는 쌀벌레 이름이었으나 뒤에 생명력이 '강하다'는 뜻으로 확장되었다.

※ 강력(强力) : 강할 강(强) 힘 력(力)으로, 강한 힘.
　예 그는 범죄 혐의를 强力히 부인했다.
※ 막강(莫强) : 없을 막(莫) 강할 강(强)으로, 더할 수 없이 강함.
　예 강대국은 莫强한 군사력을 자랑한다.

兵 군사 병

도끼 근(斤)과 두 손 마주 잡을 공(廾)이 합해진 글자로, 두 손(廾)으로 무기의 일종인 도끼(斤)를 들고 있는 '병사, 군사'의 모습이다.

※ 병사(兵士) : 군사 병(兵) 선비 사(士)로, 군대에서 근무하는 사람.
　　예 분단 국가인 대한민국은 남자들이 의무적으로 군대에서 兵士로 근무
　　　해야 한다.
※ 복병(伏兵) : 엎드릴 복(伏) 군사 병(兵)으로, 적을 기습하기 위하여 적이
　　지나갈 만한 곳에 엎드려 숨어 있는 병사.
　　예 전쟁에서는 항상 伏兵을 조심해야 한다.

4. 쓰임

* 조선 후기 개화파들은 서양 문물을 도입하여 조국의 **부국강병(富國强兵)**을 이루려고 시도하였으나 실패하였다. 이로 말미암아 결국 우리나라는 역사상 처음으로 남의 나라 식민지가 되었다. **부국강병(富國强兵)**만이 살길이다.

* 임진왜란 직전에 율곡 이이는 **부국강병(富國强兵)**을 주장하며 10만 대군을 양성할 것을 주장하였다.

* 개화기 소설의 주제는 서양 문물을 받아들여 하루빨리 **부국강병(富國强兵)**을 이루자는 것이었다.

* 대개 한 나라의 국가 지도자는 자기 나라의 **부국강병(富國强兵)**을 목표로 일하고 있다.

* 세계의 모든 나라가 자기 나라의 **부국강병(富國强兵)**을 향해 나아간다. 그러다 보면 이권을 둘러싸고 이웃한 나라들이 충돌하는 일이 생기기도 한다.

5. '바를 정' 자를 표시하며 한자 열 번씩 소리 내어 읽으며 외우기

富	國	强	兵
넉넉할 부	나라 국	강할 강	군사 병
正正	正正	正正	正正

6. 한자 따라 쓰며 익히기

12획	부수 宀	丶 丷 宀 宀 宀 宁 宮 宮 宮 宮 富 富 富		
富	富			
넉넉할 부				
11획	부수 囗	丨 冂 冂 冃 冃 同 同 國 國 國		
國	國			
나라 국				
12획	부수 弓	丁 弓 弓 弘 弪 弪 弪 弭 弳 强 强 强		
强	强			
강할 강				
7획	부수 八	丿 丘 丘 丘 丘 兵 兵		
兵	兵			
군사 병				

열두째 마당 ④   재세이화 在世理化

1. 한자 뿌리로 해석하기

在₂	世₁	理₃	化₄	세상(世)에 있으면서(在) 이
있을 재	세상 세	다스릴 리	고칠 화	치(理)로 교화(化) 시킴.

　세상을 이치로 다스려 백성들을 교화시킨다는 뜻으로 고조선의 건국 이념이기도 하다.

2. 유래

　재세이화는 『삼국유사』의 고조선 조에 홍익인간과 함께 나오는 말이다. 이는 환인의 아들 환웅천왕이 태백산 신단수 아래로 내려와 신시를 건국하고 나라를 다스린 건국 이념이기도 하다.

　세상을 다스리는 방법에는 법으로 다스리는 법치주의(法治主義)와 덕으로 다스리는 덕치주의(德治主義), 그리고 이치로 다스리는 이치주의(理致主義)가 있을 수 있다.

　어느 방법이 가장 좋을까? 지금 세상은 편의상 법치주의를 따르는데, 사실 법을 지키는지 제대로 감시하자면 돈이 많이 든다. 그러므로 각자 이치에 맞게 행동한다면, 이치주의가 가정 경제적인 방법이 될 것이다.

　지금 세계는 대개 법치주의를 따르고 있다. 그것은 아마도 지금 세계는 인구가 많고, 나라의 일들이 복잡하기 때문에 법으로 모든 것을 다스리기 때문일 것이다. 그러나 지금 우리나라는 물론 법치주의를 따르고 있지만, 고대에는 이치로 나라를 다스렸음을 이로부터 알 수 있다. 즉 모든 일을 이치에 맞게 다스렸다는 말이다. 지금도 법치주의를 원칙으로 하되, 그 법이 이치에 맞아야 할 것이다.

3. 한자 뜯어보기

在 있을 재

풀이 자라고 있는 모습을 나타내는 재(才)자에 흙 토(土)자가 더해진 글자이다. 땅 위에 새싹이 움트고 있는 생명이 존재하므로, '있다'라는 뜻이 나왔다.

※ 재직(在職) : 있을 재(在) 벼슬 직(職)으로, 어떤 직장에 근무하고 있음.
   예 그는 첫 직장에서 퇴직할 때까지 在職했다.
※ 존재(存在) : 있을 존(存) 있을 재(在)로, 현재 실제 있음.
   예 그는 한국 가요계의 우상적 存在이다.

世 세상 세

갑골문에 세 가닥의 새끼줄을 이어 놓은 모습을 그린 글자이다. 새끼 한 가닥은 10년을 상징하며, 이가 셋 모인 세(世)는 30년을 뜻한다. 이는 부모에게서 자식으로 이어지는 한 세대의 상징이다. 여기서 '세대, 세상, 일생' 등의 뜻이 나왔다.

※ 세상(世上) : 인간 세(世) 위 상(上)으로, 사람들이 사는 곳.
   예 世上이 넓은 듯하지만 좁기도 하다.
※ 출세(出世) : 날 출(出) 세상 세(世)로, 세상에 이름이 나 유명해짐.
   예 사람들은 대개 出世하면 거만해진다.

理 다스릴 리

구슬 옥(玉)과 마을 리(里)가 합해진 글자로 원래 옥에 난 무늬결을 나타냈다. 옥을 다듬을 때는 무닛결을 따라 쪼아야 옥이 깨어지지 않으므로, 여기서 '다스리다'는 뜻이 나왔다.

※ 이유(理由) : 이치 리(理) 까닭 유(由)로, 어떤 이치가 생겨난 까닭.
   예 자기가 질못한 일에 理由를 대지 말아야 대장부라 할 수 있다.
※ 처리(處理) : 처방할 처(處) 다스릴 리(理)로, 어떤 일을 결정하여 다스림.
   예 그는 어려운 일들을 잘 處理한다.

化 고칠 화

사람 인(人)에 거꾸로 된 사람(匕)의 모습을 합한 글자이다. 사람을 거꾸로 세우는 모습에서 '변화하다, 죽다, 되다'의 뜻이 나왔다.

※ 화학(化學) : 될 화(化) 배울 학(學)으로, 물질이 바뀌는 것을 배우는 학문.
  예 그는 모든 과목을 좋아하지만, 그중에서도 과학 과목에서 化學 실험하는 것을 좋아한다.

※ 문화(文化) : 글월 문(文) 될 화(化)로, 공동사 회가 이룩한 공통의 전통과 가치.
  예 국토가 좁고 물적 자원이 부족한 한국이 강대국으로 나아가기 위해서는 국민들의 文化 수준을 높여야 한다.

4. 쓰임

* 단군 신화를 보면, 환웅천왕은 자신이 세운 신시국을 재세이화(在世理化)로 다스렸다고 한다.

* 한국인들이 유달리 이치를 따지는 걸 좋아하는 것을 보면, 우리나라는 재세이화(在世理化)로 다스리는 것이 맞는 것 같다.

* 재세이화(在世理化)도 좋긴 한데, 세상이 복잡해지니 법치주의가 대세를 이루는 것 같다.

* 이치로 세상을 다스리는 재세이화(在世理化)보다 더 좋은 통치 방법은 없을까?

* 세상을 다스리는 방법에는 크게 세 가지가 있다. 첫째는 법치이다. 법으로 세상을 다스리는 것이다. 둘째는 덕치이다. 덕으로 세상을 다스리는 방법이다. 마지막으로 이치로 세상을 다스리는 것은, 재세이화(在世理化)이다.

5. '바를 정' 자를 표시하며 한자 열 번씩 소리 내어 읽으며 외우기

在	世	理	化
있을 재	세상 세	다스릴 리	고칠 화
正正	正正	正正	正正

6. 한자 따라 쓰며 익히기

6획	부수 土	一 ナ 才 右 在 在		
在 在				
있을 재				
5획	부수 一	一 十 卅 卅 世		
世 世				
세상 세				
11획	부수 王	ˉ ⌐ 干 王 玕 玑 珇 珇 理 理 理		
理 理				
다스릴 리				
4획	부수 匕	ノ 亻 仁 化		
化 化				
고칠 화				

열두째 마당 ⑤ 태평성대 太平聖代

1. 한자 뿌리로 해석하기

太¹	平²	聖³	代⁴	크게(太) 평안하고(平) 성스러운(聖) 임금이 다스리는 시대(代).
클 태	평안할 평	거룩할 성	시대 대	

어질고 착한 임금이 다스리는 태평스러운 세상을 말한다.

2. 유래

조선 시대 선비들이 즐겨 부르던 노래인 가곡 가운데 가장 마지막에 부르는 곡이 「태평가」이다. 이에서 우리는 조선 시대의 선비들도 태평성대를 갈구했다는 것을 알 수 있다. 어느 시대 어떤 계층이든 태평성대를 원하지 않는 사람들이 있을까?

조선 시대 선비들이 부르던 「태평가」의 노랫말은 다음과 같다.

> 이려도 태평성대
> 저려도 태평성대
> 요지일월(堯之日月)이요, 순지건곤(舜之乾坤)이로다.
> 우리도
> 태평성대니 놀고 놀려 하노라.

여기서 보면, 이들이 태평성대에서 놀고 놀려 하는데, 이 태평성대의 예로써 요순 시대를 말하고 있다. 그러면 요순 시대는 어떠했는지 간단히 살펴보고자 한다.

중국인도 요순 시대를 태평성대라고 생각한다. 왜냐면 '요순 시대'는 이상적인 정치를 펼쳐 백성들이 평화롭게 살았던 시기이기 때문이다.

백성들은 생활이 풍요롭고 여유가 있어 심지어는 임금의 존재마저도 잊어버리고, 「격양가」를 부르는 세상이었다. 또한 정치는 가장 도덕적인 사람을 임금으로 추대하는, 이른바 선양(禪讓)이라는 방식을 채택하여 서로 간에 다툼이 없었다. 이는 후대의 혈연에 따라 왕위를 세습하던 것과는 차원이 다른 것이었다.

요임금은 원래 허유(許由)가 어질고 덕이 있다는 소문을 듣고 임금의 자리를 물려주려고 하였다. 그러나 허유는 이 말을 듣고 기산으로 몸을 감추었다. 그래도 요임금의 요구가 계속되자 허유는 못 들을 말을 들었다며 강물에 귀를 씻었다. 허유의 한 친구는 한술 더 떠서 더러운 귀를 씻은 물을 말에게 먹일 수 없다고 하며 자기 말을 상류로 끌고 갔다는 고사가 전한다. 이는 바로 당시의 태평성세를 칭송하는 전설로 중국인의 이상적인 정치와 민생에 대한 열망을 표현하고 있다.

결국 요임금은 순이라는 사람이 훌륭하다는 소문을 듣고 몇 가지 시험을 거친 후 임금의 자리를 물려주게 된다. 이 시대를 요순 시대라고 하는데 지금까지 태평성대를 표현하는 대명사로 쓰고 있다.

3. 한자 뜯어보기

太 클 태

큰 대(大) 자에서 나온 글자로, 그 위에 점 주(丶)를 넣어 단순히 물질적으로 크다가 아니라, 정신적으로 크다는 뜻으로 '위대하다, 고상하다'는 등을 말한다.

※ 태후(太后) : 클 태(太) 왕비 후(后)로, 큰 왕비. 황제의 살아 있는 어머니.
　　예 太后 칭호는 고려가 황제국 체제를 지향했음을 보여 주는 대표적인 지표이다.

※ 태양(太陽) : 클 태(太) 볕 양(陽)으로, 크게 밝은 빛을 내는 별.
　　예 아침에 太陽이 뜬다.

平 평안할 평

이 글자에 대해서는 의견들이 분분하다. 다만 『설문해자』에 의하면, 악기에서 소리가 고르게 퍼져 나온다는 뜻에서 '평평하다, 공평하다, 안정되다' 등의 뜻이 나왔다고 본다.

※ 평지(平地) : 평평할 평(平) 땅 지(地)로, 바닥이 평평한 땅.
　　예 수도는 대개 平地에 세워진다.
※ 공평(公平) : 공정할 공(公) 평평할 평(平)으로, 공정하게 똑같이 대함.
　　예 판사는 公平한 판단을 내려야 한다.

聖 거룩할 성

귀 이(耳)와 입 구(口)와 짊어질 임(壬)으로 구성되어, 남의 말(口)을 귀(耳)담아 듣는 존재를 나타낸다. 이로부터 보통 사람이 아닌 '성인, 뛰어난 사람' 등을 뜻한다.

※ 성인(聖人) : 성스러울 성(聖) 사람 인(人)으로, 성스러운 사람.
　　예 세계에는 4대 聖人이 있다고 한다.
※ 성역(聖域) : 성스러울 성(聖) 땅 역(域)으로, 성스러운 땅.
　　예 그곳은 聖域이라 아무나 들어가지 못한다.

代 시대 대

사람 인(人) 변에 주살 익(弋)을 붙여서, 앞뒤를 잇는다는 뜻이다. 여기서 앞사람을 이어 뒷사람으로 이어지므로 '세대, 시대, 대신하다, 바꾸다' 등의 뜻이 나왔다.

※ 대표(代表) : 바꿀 대(代) 나타낼 표(表)로, 전체의 상태나 성질을 어느 하나로 잘 나타내는 것.
　　예 교장 선생님은 우리 학교를 代表하신다.
※ 시대(時代) : 때 시(時) 연대 대(代)로, 어떤 기준에 따른 시기.
　　예 그는 時代를 앞서가는 생각을 곧잘 한다.

4. 쓰임

* 중국의 요순 시대에는 임금이 선정을 베풀어 백성들이 **태평성대(太平聖代)**를 구가하였다고 한다.

* 세종 대왕의 성덕이 높아 그 시대에는 **태평성대(太平聖代)**를 구가하였다.

* 어느 시대나 **태평성대(太平聖代)**를 바라지 않는 사람들이 있을까.

* 옛날에 **태평성대(太平聖代)**가 있었다는 것은 옛날 사람들이 모두 착해서일까?

* 세상이 자꾸만 복잡해져 가니 앞으로 **태평성대(太平聖代)**를 바랄 수 있을까.

5. 유의어

함포고복(含哺鼓腹) : 배불리 먹고 배를 두드림. 먹을 것이 많아서 좋아하고 즐기는 모양.

강구연월(康衢煙月) : 평안한 거리와 굴뚝에서 밥하는 연기가 피어오르는 세월.

6. '바를 정' 자를 표시하며 한자 열 번씩 소리 내어 읽으며 외우기

太	平	聖	代
클 태	평안할 평	거룩할 성	시대 대
正正	正正	正正	正正

7. 한자 따라 쓰며 익히기

4획	부수 大	一 ナ 大 太		
太 太				
클 태				
5획	부수 干	一 ㆍ ㆍ 立 平		
平 平				
평안할 평				
13획	부수 耳	一 T F F J 耳 耵 耴 耴 聖 聖 聖 聖		
聖 聖				
거룩할 성				
5획	부수 亻	ノ 亻 亻 代 代		
代 代				
시대 대				

설중환 교수와 함께 배우는

한자성어 1

초판 1쇄 2019년 11월 15일 초판 3쇄 2022년 12월 15일
지은이 설중환
문자도/표지 설중환

펴낸이 이상기
펴낸곳 (주)도서출판알앤비
등록 2018년 8월 22일 제 2019-000048호
주소 서울시 서초구 반포대로 300, 6층
전화 02-599-2148
전자주소 rnbbooks@daum.net

ⓒ 설중환 2019, Printed in Korea.

ISBN 979-11-968123-1-7 04710
ISBN 979-11-968123-0-0 (세트)

값 13,000원

이 도서의 국립중앙도서관 출판예정도서목록(CIP)은 서지정보유통지원시스템 홈페이지(http://seoji.nl.go.kr)와 국가
자료종합목록시스템(http://www.nl.go.kr/kolisnet)에서 이용하실 수 있습니다. (CIP제어번호 : CIP2019039634)